安徽省高等学校“十二五”省级规划教材

本书编写组 编

携手青春

——大学生入学教育——

第4版

中国科学技术大学出版社

图书在版编目(CIP)数据

携手青春:大学生入学教育/本书编写组编. —4 版. —合肥:中国科学技术大学出版社,2015.8(2017.8 重印)

安徽省高等学校“十二五”省级规划教材

ISBN 978-7-312-03774-0

Ⅰ.携… Ⅱ.本… Ⅲ.大学生—入学教育—高等职业教育—教材 Ⅳ.G645.5

中国版本图书馆 CIP 数据核字(2015)第 139756 号

出版 中国科学技术大学出版社
安徽省合肥市金寨路 96 号,230026
http://press.ustc.edu.cn
https://zgkxjsdxcbs.tmall.com

印刷 合肥市宏基印刷有限公司

发行 中国科学技术大学出版社

经销 全国新华书店

开本 710 mm×960 mm 1/16

印张 9

字数 138 千

版次 2006 年 8 月第 1 版 2015 年 8 月第 4 版

印次 2017 年 8 月第 21 次印刷

印数 377601—388000 册

定价 25.00 元

参与本书内容讨论和编写的人员名单

(以姓氏笔画为序)

汤长胜　纪新艳　陆　荣　陈　纲　陈　猛

陈云玲　陈克云　李平权　吴晓光　吕希灿

段贤勇　傅　联　薛卫敏

出版者的话

9月，又有一批批新生跨入大学校门。从此，他们的人生翻开了新的篇章，告别了高中生活，离开了温暖的家，来到一个新的环境，开始新的生活。每个人都带着新奇，带着梦想，带着对未来的憧憬，也带着迷茫和不知所措。他们迫切地想了解他们会有一个怎样不同于以往的生活和学习环境，会有一个怎样不同于以往的人生；他们更急切地想知道，要做怎样的准备才能适应新的学习和生活，要怎样去奋斗才能不虚度这花样年华。

为此，我们奉献给新生这样一本书——《携手青春——大学生入学教育》，告诉大家高等职业院校特有的培养目标和人才标准，帮助大家树立信心，勇于奋斗；告诉大家一个合格的大学生应具有的知识、能力和综合素质，帮助大家树立目标，不断前进；让大家熟悉和了解大学的生活环境和学习环境，帮助大家加强自我约束，快乐而健康地成长；让大家深刻体会到在大学里要学会学习、学会做事、学会审美、学会共处、学会生存，把自己塑造成对社会有用的人才，为今后走向社会做好充分的准备。

为了给大家真真切切、实实在在的帮助与指导，我们组织了本书的编写指导委员会和写作集体，参加者都是高等职业学院负责学生及思想政治工作的领导和教师，他们长期工作在大学生中，对大学生的思想状况、学习生活中存在的问题都了然于胸，为本书的写作奠定了坚实的基础。

在本书中，为了避免空洞的说教，我们要求本书作者使用通俗的语言和大量的实例，极力做到老师易教、学生爱看。为了能够更加贴近高职院校实际、找准定位，我们有幸邀请了安徽省职业与成人教育学会金辉会长对本书进行了审读。

时光如梭，人生如歌，我们期盼着这本书能够引领新生们快速适应大学生活，融入学校的氛围，顺利地完成大学学业，自信地走向工作岗位。

为了使本书能够适应不断发展的教学要求，我们每年都会组织老师开展大学生学生管理工作研讨，并在研讨的基础上对本书进行修订，提高和完善本书，以跟上时代发展的步伐。我们真诚地希望老师和同学们对本书提出宝贵的意见。

目　录

第一章　我的大学

金色的9月，一群洋溢着青春笑容的大学新生，离开了朝夕相处的父母和生活了十几年的家，离开了让他魂牵梦绕的中学，离开了曾经在一起的同学和玩伴，千里迢迢地从祖国的四面八方来到了高等院校读书学习。同学们有的怀着憧憬和理想，有的带着兴奋和好奇，有的还带着迷茫和些许自卑……更多的同学因为高考冲刺后的惯性，还沉浸在高考的得与失之中，推演出许多个“假如……”。

第一节　从高考谈起

高考自1976年恢复以来，就被国人称为“中国第一考”。它承载了太多的责任、期望与梦想，老师和家长更是把能否考上好大学与考生未来的命运挂钩。看看这些迎考标语：“零抬头，无声音”（某高三自习室标语），“为理想，早起三更，读迎晨曦，磨枪锉剑，不惧兵临城下；为目标，晚卧夜半，梦别星辰，敛神养气，以备全力以赴!”……

高考其实已经过去3个月了，可是很多同学仍然无法释怀，他们反刍回味、舔舐伤口，徘徊彷徨、心神不定，患得患失、内心纠结。

其实，高考只是我们谋求成功的途径之一，有许多同学通过高校的自主招生也走进了高校的大门，我们完全没有必要在这个问题上纠缠不休，自寻苦恼。

作家刘诚龙曾经做过一个有趣的调查，他把两份名单给10个人看，问他们是否熟悉。第一份名单是：傅以渐、王式丹、毕沅、林召堂、王云锦、刘子壮、陈沅、刘福姚、刘春霖。第二份名单是：李渔、洪升、顾炎武、金圣叹、黄宗羲、吴敬梓、蒲松龄、洪秀全。结果，10个被调

为世界进文明，为人类造幸福，以青春之我，创建青春之家庭，青春之国家，青春之民族，青春之人类，青春之地球，青春之宇宙，资以乐其无涯之生。

——李大钊

查者多数对第一份名单中的人一无所知，而对第二份名单却耳熟能详。谜底最后揭开：原来第一份名单里的人，全是清朝的科举状元；第二份名单里的人，全是当时的落第秀才！

想当年，第一份名单上的人多么显赫啊！他们赢得了科举考试，独占鳌头，披红挂彩，春风得意。反观第二份名单中的人，他们考场失利，门庭冷落，与高官厚禄无缘。但是，他们很快调整心态，在逆境中奋起，有的成为思想家，有的成为文学家，有的成为农民领袖，有的声名远播，载入史册。

两相比较，反差巨大，令人不胜感慨！

成功不是赢得一场考试。能赢得一场考试的人，不一定能赢在终点。蒲松龄、曹雪芹都是落魄文人、落第秀才，但历史记住了他们。

一时显赫并不能保证终身辉煌，赢在起点并不能保证赢到终点。未跑到终点之前，我们谁也别说输赢。永不懈怠的奋斗，是所有成功者的不二法门。

“不要为打翻的牛奶哭泣。”这是戴尔·卡耐基在事业上遇到烦恼时，他的中学老师乔治·约翰逊告诫他的话。牛奶被打翻了，漏光了，怎么办？是看着被打翻的牛奶哭泣？还是去做点别的？记住，被打翻的牛奶已成事实，不可能被重新装回瓶中，我们唯一能做的就是找出教训，然后忘掉这些不愉快。

是的，我们该去做点别的，从现在开始我们得有自己的规划，至少有一个大致的规划。我们可以把人的一生划为两个重要阶段：

第一阶段：在校系统学习阶段。以高考为界，第一阶段又可以分成基础学习阶段（小学、中学）和专业学习阶段（大学）。可见，高考处于第一阶段的中间，而不是终结。第一阶段的最终目的是打好基础、增强实力，夯实专业本领，以便更好地进入第二阶段。

第二阶段：工作阶段。用第一阶段所学的知识为社会服务。当然，我们要树立终身学习的观念，这样划分是为了更好地说明高考所处的位置。

有同学一拿到高考分数就开始叹气：“唉，我输惨了，我上不了本科了！”

白发无凭吾老矣！青春不再汝知乎？年将弱冠非童子，学不成名岂丈夫？
——俞良弼

青春啊，永远是美好的，可是真正的青春，只属于这些永远力争上游考上了本科或考取了名校，毕业后就一定具有过人的专业实力吗？专科院校学生毕业后专业能力就一定比本科院校的差吗？否!一个人的工作能力的评价标准不是看你是哪所学校毕业的，而是看你的工作业绩。这正如你对授课教师的评价，不会考虑他的文凭或毕业于哪所名校，而是根据他的教学水平来评价。某院校10年前的教师学历结构是以本科为主的，却毫不犹豫地辞退了一名来自南京某知名高校的硕士研究生，因为他连续两学年的学生评教排名均处末位。由此可见，读名牌大学和读一般大学乃至读本科还是读专科的选择并不是最重要的，不管在哪里求学，对于就业而言，最关键的还是自己的才能和内在的综合素质。文凭充其量不过是就业的敲门砖，进门后那块砖头就没多少用场了，个人能力不行，进了门也有可能被撵出来。

学习犹如打球，小学、中学阶段就像球赛的上半场，大学阶段就像下半场，我们现在是高考后的中场休息，下半场马上开始。在上半场有领先和落后，但还不能确定终场是输是赢，在上半场比分稍稍落后的情况下，如何在下半场赶超，以取得最后的胜利，才是我们最需要考虑的。下半场与上半场在“打法”上有什么不同？以什么样的心态来面对这下半场？如何把心态调适到最好？这是我们目前需要关心的话题。

青年时期是豁达的时期，应该利用这个时期养成自己豁达的性格。

——罗素

青年的敏感和独创精神，一经与成熟科学家丰富的知识和经验相结合，就能相得益彰。

——贝弗里奇

第二节 我们为何要读大学

随着国家对高等教育的重视，高校的扩招和适龄人口的减少，考大学不再像科举考试那么困难了，高等教育也由精英教育过渡到了大众教育，可新的问题——就业难问题也随之而来。

“毕业即失业”——对很多国家的大学毕业生而言，这是不得不挂在嘴边上的抱怨。据说，西班牙年轻人的失业率已经超过了50%，爱尔兰的年轻人几乎1/3 “在家赋闲”。欧洲的就业形势原本就不乐观，欧债危机又在溃烂的伤口上撒了一把盐。美国的经济形势虽说有所好转，但年轻人的失业率仍然高达16.5%，奥巴马和罗姆尼不得不频繁呼吁“拯救失业青年”。

在人生的任何场合都要站在第一线战士的行列里。

——奥斯特洛夫斯基

斗争的生活使你干练，苦闷的煎熬使你醇化；这是时代要造成青年为能担负历史使命的两件法宝。

——茅盾

事实上，大学应届毕业生失业率大幅飙升的现象已经不再是少数国家面临的“紧急状况”，而是世界多数国家不得不面对的“普遍状况”。找工作难的严峻现实同时还意味着已就业的大学毕业生收入锐减，而且，许多人被迫选择的职业多半与其所学专业无关。难怪一些美国人要问：学费普遍大幅上涨，负债求学的年轻人还要不要迈入高校？明知毕业后难以找到专业对口的工作，大学还要不要念？

高等教育的普及必然造成其在劳动力市场上的贬值，这是整个世界都要面对的“灾难”。一些人就此断言，读书未必有用，大学可以不念。然而，在那些对年轻人失业现象早已司空见惯的欧洲国家，人们仍然固守对大学的传统观念——大学的功能不只是传授知识，而且是对治学方法的领悟，是对治学精神的修炼。读大学当然要有求职就业、赚钱谋生的打算，即便是全球最受追捧的一流学府，也要对“本校毕业生的高就业率”进行定期或不定期评估。但提供“就业本钱”仅仅是大学功能的一个方面，大学肩负的使命绝不仅仅是“让你挣到钱”那样简单。

大学该有更丰富的内涵。它不该，也不能被单一的“就业率”所困扰、诋毁和摧残。不错，大学意味着一张金光闪烁的文凭，一种找到体面工作的可能，一块实现超越自我的跳板，但它更意味着能力的提升、眼界的开阔、能量的挖掘和高品质人生的实现。如果有机会和条件，大学是年轻人不该放弃的人生阶段。如果你在可以读大学的情况下选择了不读大学，那你的人生肯定会留下难以弥补的遗憾。李开复说：“我从来不以为学历有什么重要，天才都不是科班，但，不是科班，连龙套都跑不了。”大学教育是一个起点，一个在求学方法、处事方式、认知能力、人生态度等方方面面都对走向成熟的年轻人具有奠基意义的起点。这个转瞬即逝的起点对当代年轻人来说是一个不可轻易抛弃的关键阶段。

大学毕业文凭是走进职场的通行证，但更是享受优质生活的前提条件。不错，在经济疲软时期，大学文凭未必比高中文凭值钱。鹰偶尔会比鸟飞得低，但我们不该忘记，小鸟永远不可能像苍鹰那样翱翔在云端。不念大学的人生也许可以更省钱，但恐怕不会更精彩。对于自学能力不强的年轻人来说，获取音乐、诗歌、绘画等方面的知识和素养一定要经历大学生活的历练。大学培养的是通才，除了专业知识和技能之外，它还传授品味和享受人类顶尖文明成果的能力，还让你对“工作之外的生活”兴趣盎然。正如周作人先生所言：“我们于日用必需的东西之外，必须还有一点无用的游戏与享乐，生活才觉得有意思。我们看夕阳，看秋河，看花，听雨，闻香，喝不求解渴的酒，吃不求饱的点心，都是生活上必要的。虽然是无用的装点，但却是愈精炼愈好。”大学里那些如何赏析中国古典诗词、如何聆听西方交响乐的讲座恰是生活中必需的“无用的装点”。

大学不能不念。不能因大学生找工作难就认同“读书无用”“上大学无用”之类的叫喊。面对年轻人失业现象严重的困境，奥巴马和罗姆尼都呼吁美国年轻人还是要“意志坚定、勇往直前地进入大学校园”，哪怕是贷款、借钱。因为“大脑的能量不可随意浪费”，年轻人不能因一时的经济压力而牺牲自己的前途和未来。

> 如果自尊而轻人，自信而自满，即是对自己关门，不向外面吸取可贵的精神食粮，也即是对朋友们关门，拒绝朋友们批评和贡献意见。
>
> ——《徐特立教育文集》

> 青春虚度无所成，白首衔悲补何及！
>
> ——权德舆

第三节　我们是大学生

从中学到大学，是在校系统学习阶段的一次重大转折，大学生活的重要特点表现在：生活上要自理，管理上要自治，思想上要自我教育，学习上要高度自觉。尤其是在学习的内容、方法和要求上，比起中学的学习发生了很大的变化。要想真正学到知识和本领，除了继续发扬勤奋刻苦的学习精神外，还要适应大学的教学规律，掌握大学的学习特点，选择适合自己的学习方法。大学的学习既要求掌握比较深厚的基础理论和专业知识，还要求重视各种能力的培养。大学教育具有明显的职业定向性，要求大学生除了扎扎实实掌握书本知识之外，还要培养研究和解决问题的能力。因此，要特别注意自学能力的培养，学会独立地支配学习时间，自觉地、主动地、生动活泼地学习。还要注意思维能力、创造能力、组织管理能力、表达能力的培养，为将来适应社会工作打下良好的基础。

大学学习与中学学习截然不同的特点是依赖性学习减少，代之以主动、自觉地学习。大学教学的目的是培养德、智、体全面发展的社会主义事业的建设者和接班人，教育的内容是既传授基础知识，又传授专业知识。教育的专业性很强，还要介绍本专业、本行业前沿知识和技术发展状况。知识的深度和广度比中学要大为扩展。课堂教学往往是提纲挈领式的，教师在课堂上只讲难点、疑点、重点或者是教师最有心得的一部分，其余部分就要由学生自己去攻读、理解、掌握，大部分时间是留给学生自学的。因此，培养和提高自学能力，是大学生必须具备的本领。大学学习不能像中学那样完全依赖教师的计划和安排，学生不能只单纯地接受课堂上的教学内容，必须充分发挥主观能动性，发挥自己在学习中的潜力。这种充分体现自主性的学习方式，将贯穿于大学学习的全过程，并反映在大学生活的各个方面，如学习的自主安排、学习内容和学习方法的自主选择等。

无限的『过去』都以『现在』为归宿，无限的『未来』都以『现在』为渊源。『过去』『未来』的中间全仗有『现在』以成其连续，以成其永远，以成其无始无终的大实在。一掣现在的铃，无限的过去未来皆遥相呼应。

——李大钊：《今》

自学能力的培养，是适应大学自主性学习的一个重要方面，每位大学生都要养成自学的好习惯。正如钱伟长所说：一个人在大学里能不能学会自学、养成自学的习惯，不但在很大程度上决定了他能否学好大学的课程，把知识真正学通、学活，而且影响到他大学毕业以后，能否不断地吸收新的知识，进行创造性的工作，为国家做出更大的贡献。当今社会，知识更新越来越快，3 年左右的时间，人类的知识量就会翻一番。大学毕业了，不会自学或没能养成自学的本领，不会更新知识是不行的。因此，培养和提高自学能力，是大学生必须完成的一项重要任务，也是进行终身学习的基本条件。在学习方法的选择上，大学生更应发挥自主性。一般来说，大学生学习活动的主要形式有四种：按教育大纲规定的课堂学习活动，补充课堂学习的自学活动，独立钻研的创造性活动，相互讨论、相互启发的学习活动。在各种不同的学习形式中，学生都要发挥学习的自主性，可根据自己的情况，选择适合于自己的最有效的学习方法。大学学习不再是死记硬背老师所讲的内容，而是按照自己的学习目标和专业要求，选择、吸收有用的知识。在方法上要自主选择，靠自己去理解和消化所学的知识。

央视著名节目主持人撒贝宁曾做客北京第二外国语学院，畅谈他在大学的心路历程和人生体验，我们在这里分享一下：

刚进入北大时，班主任就曾经告诉我：“学习从今天开始便与过去完全不一样了，如果说之前的学习是为了高考，是为了完成父母的心愿，那么现在则是真正为了自己。你的学习将融通在生活的每一个角落，而不再是简单地背书、背单词、做试卷。”班主任的这番话，给了我不少启发，因此，我广泛地参加学校各种文艺社团和活动。我参加过戏剧社，拍过校园电视剧，曾经以合唱团团长的身份，带领北大合唱团赴西班牙参加国际合唱比赛，并在26个参赛国家中脱颖而出，勇夺第一。丰富的社团活动对我个人能力的提升起到了非常大的作用。我的经历告诉我，在大学里要把学习和实践活动结合起来，以提升个人能力为第一要务。

第四节 我们将接受什么样的高等教育

高等职业教育在西欧和美国的发展已经成熟，在中国台湾地区，高等职业教育亦步入了良性发展的轨道。在中国内地，政府于10余年前就大力提倡发展高等职业教育，特别是近5年来，国家在政策倾斜、财政支持、媒介宣传上都投入了较大力量。中国的高等职业教育也从无到有，迅速壮大。高等职业技术教育的办学宗旨就是要把学生培养成为能够面向基层、面向生产、面向服务和管理第一线的高等技术应用型人才，这种教育被称为能力教育。

随着社会的进步，经济成分、组织形式、就业方式、利益关系、分配方式都呈现多元化，对人的素质提出了更高的要求。高等职业教育就是通过专业和课程的合理设置，重视每一个学生的“潜质”，注重学生综合能力的培养，使学生成为基础扎实、动手能力强、综合素质高、适应社会发展需要、掌握高技术的应用型人才。

一、 高等职业技术教育的特色

职业技术教育不属于学科教育，而是一种技术技能教育。它注重职业能力培养，在学习基本理论和基础知识的同时更加强调基本素质、基

断力中所得出的更干净、纯粹……

——《培根论说文集》

合抱之木，生于毫末；九层之台，起于垒土；千里之行，始于足下。

——老子：《道德经》

像屋檐水一样，一点一滴，滴穿阶沿石。点滴的创造固不如整体的创造，但不要轻视点滴的创造而不为，呆望着大创造从天而降。

——《陶行知教育论文选辑》

本技能和基本方法的培养。专业理论以培养技术应用能力为主线，具有较强的针对性和实用性。

职业技术教育以技术应用为主，以能力教学为核心。课程教授突破传统模式，注重学生动手操作能力的培养，要求学生用所学知识去实际操作，使学生具有生存、自我发展和创新的能力。

职业技术教育的专业设置不是按学科而是按适应社会职业分工和岗位群的职业能力要求来安排的，专业核心课程突出了本专业的核心技术和主流技术。

职业技术教育按照实践活动体系相对灵活地安排教学内容。教学内容坚持三条主线，即理论与知识教育、技术与技能教育、全面素质教育。技术基础课以“必需”和“够用”为度，技术专业课设置在注重基础知识和实际操作的同时，更加突出客观实际需要，课程不仅综合化，而且与国家的职业资格标准和高等教育层面相衔接。

职业技术教育强调学科与职业、知与做、动脑与动手之间的关系，以强化实践教学、注重职业能力、加强基本技能与培养综合素质为切入点，将技术成果应用于实践，解决“做什么”“怎么做”的问题，使学生一学就能用，一学就会用。

二、 高等职业技术教育的基本要求

高等职业技术教育从层次上讲是高等教育，从类型上讲是职业教育。它既强调理论教学，又注重实验、实训、实习。教学的基本要求有以下两点：

第一，在高职的学习中所要掌握的理论知识层次较高。高职的技能、技术教育是建立在坚实的理论知识之上的。高职专业培养目标及课程体系都体现出对理论知识及素养的要求。

当然，高职专业理论学习主要是使学生达到知道“是什么”和学会“怎么做”的层次，应用性知识以“有用、够用、必需”为度。因此，理论教学突出基本性和综合性，打破传统学科、课程设置，围绕学生未来岗位需求和社会发展需要，以教给学生最基础的知识为核心，筛选知识，设置综合课程。

第二，高职作为职业教育的一个较高层次，遵循职业教育培养人才的一般规律，突出职业教育的“实用”“实训”“应用”等特点。这就要加大实验、实训力度，把以传授理论知识为主的学校教育环境与直接获取实践经验为主的企业生产环境有机结合于学生培养过程中，通过校内模拟训练和校外现场实习等一系列实践性教学环节，使学生了解、熟悉并掌握企业生产规律、工艺、设备、技术等。

三、 高职学生应具备的基础能力

现代职业所要求的许多能力，已不仅仅属于某种职业，而是许多职业的共同基础。它能够使劳动者迅速适应岗位的变化，顺利进行职业活动。这种能力就叫做“基础能力”。它具有普遍性、可迁移性和工具性的特点。作为高技术应用型人才，面对各种复杂的生产和操作系统，我们要具有在生产实践中不断获取知识和迁移知识的基础能力。因此，基础能力的培养对于高职学生有着很重要的意义。高职学生应具备的基础能力有以下几种：

1. 学习能力

学习能力主要是指对学习技术的掌握能力和学习方法的应用能力，还包括在学习过程中所持的学习态度。运用有效的方法学习并应用新知识、新技能，包括对自己的能力、特点的自我认识，找到适合个人条件的学习方法，进行自主学习，提高学习效率；良好的学习态度是我们形成主动性学习的不竭动力。

学习能力必须作为高职学生基础能力的重点来培养。这是因为：终身学习要求我们更多地采取自我负责与自我调节的学习方式；高职学生只有能学习、会学习，并能够自觉地学习，才能自如地、及时地获取自己所需要的知识，拓宽自己的知识领域。

2. 信息处理能力

信息处理能力是指能够高效地获取信息，能够合理地、适当地评价信息，能够准确地和创造性地使用信息的能力。在高职学生的基础能力体系中，信息处理能力是必需的，它使高职学生能够在有限的专业知识学习之外，获取更广博的信息，并获得采集、鉴别和使用信息的能力，

你们在想要登到科学顶峰之前，首先应当研究科学的初步知识。如果还没有充分领会到前面的东西，就绝不要动手搞后面的东西。——巴甫洛夫

学到很多东西的诀窍，就是一下子不要学到很多东西。——洛克

时间，每天得到的都是二十四小时，可是一天的时间给勤勉的人带来智慧与力量，给懒散的人只能留下一片悔恨。——鲁迅

少壮不努力，老大徒伤悲。——汉乐府：《长歌行》

从而在职业生涯中能随时凭借信息处理能力来提高自己的专业能力和职业适应性。

信息处理能力是逐渐养成的，必须不断地有意识地运用批判的思维能力，去抽象、推理，学会运用信息技术，熟练地与知识和信息交往，自如地驾驭自己的知识，学会选择信息，明确自己想要的和必须掌握的信息。学会在面对不同性质的信息时，有自己的评价标准，确定有意义的信息，摒弃多余的信息，真正做到“去粗取精，去伪存真”。

3. 人际关系能力

人际关系能力是指劳动者的协作意识、团队精神，还包括对更换职业的适应能力。主要表现为对不断变化的物质环境和人际环境的适应，如上司的领导方式、同事的工作方式、具体的生产操作方式、生产工具的变化等。这就要求我们不仅要有较强的适应、协调能力和角色转换意识，还应该具有健康的心理素质。人际关系能力对我们毕业后如何更加顺利、有效地将自己的专业知识和技能应用到生产中去是不可缺少的。我们必须善于处理人际关系，乐于同他人合作，具体地说就是要具备团队精神，作为团队的一员，应对团队负责，能与团队成员共同努力并为团队做出贡献；必须具有宽容心，能够自觉地承担责任，周密地考虑问题，主动地做好自己的工作；同时还要把自己的知识和技能传授给合作者，从而使团队的整体水平明显提高。对于从事服务行业的高职学生来说，良好的人际关系还意味着为顾客提供优质服务并使顾客满意。

4. 表达能力

表达能力就是通过口头或书面的形式与他人交流、表达自己的观点和意图的能力，具体包括口头和书面两种方式。口头表达能力要求能思路清晰、流利地表达自己的思想；书面表达能力要求能用书面形式传达意见、观点和信息。两种能力同等重要，是推销自己、获得职业发展的重要工具。因此，表达能力作为一种基础能力，在我们的能力结构中也应该占有一席之地。

5. 创新创业能力

2015年，李克强总理在《政府工作报告》中特别提出要推动大众创

业、万众创新。创新是社会进步的灵魂，创业是推动经济社会发展、改善民生的重要途径。

当代大学生具有开放视野，富有想象力和创造力，更具创业的激情，特别是掌握了新知识、新技术，应当成为创新创业的有生力量。

因此，我们在日常的学习中需要有意识地加强创新创业意识及技能的培养，除了学好专业课程外，还要多多涉猎科技、市场营销、企业管理、财务管理、计算机网络、政策法律等创业知识，平时对市场、科技、社会生活作仔细观察和深入了解。这就要求我们多接触社会，多参加各种形式的社会实践。唯有如此，才能了解社会与市场的需求，才能选准创业项目。

同时，我们需要加强团队精神与团队意识的培养，锻炼自我的组织能力和领导能力，因为创业往往不是一个人单枪匹马就能够实现或完成的，需要你组建起自己的团队。

第五节　给大学新生的几点建议

首先，大学是用来读的，不是用来玩的。 如果把“大学生”这个身份看成一种职业，那么，这份职业的工作内容就是读书。按照8小时工作制，一个大学生每天至少要有8个小时用于读书才能算是一个称职的大学生。

每一位大学毕业生都认为大学是一生当中最宝贵、最好的读书阶段。很多人毕业之后发展得很好，他们庆幸于大学期间没有荒废，为日后的事业打下了坚实的基础；还有些人工作不如意，生活很艰难，他们一次次地说：“如果大学可以重来，我一定不会再像当初那样只知道玩。”

无所事事只会把你变成一个废物，一个被其他人鄙夷的废物，因为这样的你是一个不折不扣的寄生虫。别以为弄个怪异的发型，穿上不男不女的衣服，喷上刺鼻的香水，别人就会注意你，要明白那样招来的眼光就是别人在看一只与众不同的猴子。许多有教养的人对另类的你的反感并不写在脸上，但这种反感肯定会给你带来极其不利的后果。

莫等闲，白了少年头，空悲切。——岳飞：《满江红》

善于利用时间的人，永远找得到充裕的时间。——歌德

百金买骏马，千金买美人；万金买高爵，何处买青春？——屈原

其次，选择学生社团要考虑个人的特点。在大学里有很多社团，从科技、理论类到文艺、体育类应有尽有。参加学生社团组织有利于大学生社会实践能力的培养，从而为今后走向工作岗位打下坚实的基础。大学生社团组织的建立，为大学生们搭建了一个平台，通过组织学术性活动、服务性活动、科研创新活动以及社会实践活动，锻炼自己独立工作的能力，增强动手能力和创新能力，使自己的组织能力、应变能力得到提高，从而缩短学校教育和社会需要的差距。

但是，大学生参加社团需要找准定位，综合考虑，避免盲目。每逢社团招新时，大一新生总是对参加社团普遍呈现很大的热情，有的人甚至一下子报名参加好几个社团。可过了一年后，大部分人都选择退出社团。社团活动会对你的个人时间、身体素质和经济状况有一定要求。比如要参加网球协会之前，你就一定要做好不断花钱更新球拍、球拍线和租练习场地的思想准备。根据自己的特点、爱好和能力，谨慎地选择参加一两个社团是一个明智的选择。

第三，要理性上网，利用网络进行学习。读大学不上网不行，专业方面的信息和资料以及校园里各种活动信息都汇集在校园网上，通过网络能节省宝贵的时间。但是，要懂得什么才叫真正会上网。“聪明的人把网络当成工具，笨蛋才会成为任网络摆布的工具！” 大学生要养成良好的上网习惯。上网前要计划，明确上网的目的和上网的时间，避免无节制地上网。如果不是为了工作、学习，而主要为了娱乐，则更需要计划上网。漫无目的地“冲浪”、沉迷于网络聊天或网络游戏，时间和金钱会在不知不觉中流失。

第四，花钱要精打细算。走进大学校园，手握着完全由自己支配的生活费，相信不少有过这种经历的大学生们都会暗暗有点兴奋，也许有人已经开始精打细算地计划这笔钱该怎么用，也许更多的人是茫然。在大学里不少同学因为不会理财，日子过得“前松后紧”，甚至到学期末要借债生活。因此，大学新生要树立“理财”观念。从入学一开始就养成有计划地进行消费的习惯。在生活中要明确哪些开支是必需的，哪些开支是完全不必要的，哪些是可有可无的。钱要花在刀刃上，可花可不

时间是最公平合理的，它从不多给谁一分，时间留给勤劳者串串的果实，留给懒惰者的只有一头白发，两手空空。

——高尔基

故不积跬步，无以至千里；不积小流，无以成江海。

——荀子：《劝学》

花的尽量少花，要避免完全不必要的消费。尤其要根据父母的经济能力和自己“勤工俭学”的能力来进行日常消费，切不可盲目攀比。学会记账和编制预算是控制消费最有效的方法之一。其实记账并不难，只要你保留所有的收支单据，抽空整理一下，最好每天及时记录，这样就可以掌握自己的收支情况，可以从账面看到哪些是该花的，哪些是可以节省的，从而对症下药，也有利于整体的规划，从而养成适度消费的习惯。

不要一味热衷物质享受，要知道精神远比物质更重要。比起那些名表、名牌时装，更加美丽的是勤奋而有朝气的你自己。别以为穿上名牌你就有品位，要知道如果没有真正的内涵，骡子配上金鞍也不会变成骏马。你们还年轻，先不说开始你们的事业，开创你们的未来，但你们已经成年，至少也要让自己不再成为父母的负担，让父母看到20年辛苦养育的希望。

害羞是畏惧或怕耻辱的情绪，这种情绪可以使人不会出现某些卑鄙的行为。
——斯宾诺莎：《伦理学》

人能不食十二日，唯书安可一日无。
——陆游

第五，学会独立生活。对大多数学生来说，上大学是第一次离开父母，在生活上仅仅能够自理还不够，还要能过得好，要培养良好的生活习惯，并防止不良生活习惯的形成。

一要按时作息，养成早睡早起的习惯。大学里大都有晚上卧谈的习惯，有的人深夜两三点钟睡觉是常见之事，结果第二天上课时非常疲惫，根本无心听课，有时干脆旷课，在宿舍里补充睡眠。长期如此，不仅影响课业，还容易引起失眠，甚至影响同宿舍的其他同学。晚睡的同学大都会晚起，一个直接的影响是饮食不规律，很多人早晨起床较晚，来不及吃早饭便去上课，有的索性取消了早饭，有的则在课间随便吃些零食，时间一长，身体肯定受到影响。

二要坚持体育锻炼。“文武之道，一张一弛”，学习之余参加一些文体活动，不但能缓解刻板紧张的生活，还可以放松心情，有助于提高学习效率。听音乐、跑步、做广播体操、踢足球等都有助于增强自身体质，提高对疾病的抵抗力，这是一种积极的休息。大学里有丰富的运动设施，同学们可千万不要浪费资源。

三要远离不良生活方式。由于没有监督，有的同学一进大学就开始放松对自己的要求，沾染上吸烟、酗酒等不良生活习惯。其实大学并不是学习的终点，而是一个新的起点，这些不良行为将成为大学生求学道路上的一大障碍。

第六，要重视互联网。理性上网与重视互联网并不矛盾，互联网已经融入我们的生活，我们必须重视互联网，特别是在创新创业活动中，更要如此。

2015年，中国的网民渗透率将达50%，即近一半的中国人使用互联网。互联网已经成为中国人生活和工作形影不离的工具。未来两三年内，移动互联网将继续渗透到我们的生活和工作中，将在诸多方面改变和改善我们的生活和工作形态。

2015年7月4日，《国务院关于积极推进“互联网+”行动的指导意见》正式发布，该“意见”非常详细地列出了“互联网+”的相关行业，从“互联网+”协同智造到“互联网+”人工智能共十一大方面内容，基本包括了社会生活、经济发展的方方面面。

李克强总理指出，互联网是大众创业、万众创新的新工具。只要“一机在手”“人在线上”，实现“电脑 + 人脑”的融合，就可以通过“创客”“众筹”“众包”等方式获取大量知识信息，对接众多创业投资，引爆无限创意创造。

大学生与网络接触密切，“互联网+”的提出与实践为大学生的创新创业增添了新的途径。“互联网+”的到来给了每一位怀揣梦想的人一个创业的良机，对于勇于行动的大学生，应抓住时代的机遇，赶一次“全民创业、万众创新”的潮流。

成功之花，人们往往惊羡它现时的明艳，然而当初，它的芽儿却浸透了奋斗的泪泉，洒满了牺牲的血雨。——冰心

命运，不过是失败者无聊的自慰，不过是懦怯者的解嘲。人们的前途

第二章 学会学习

大学是人生的关键阶段，莘莘学子放下了高考的重担，怀着激动和期盼的心情迎来了大学生活，开始追逐自己的理想。但对很多同学来说，大学时期也许是人生中最后一次系统性地接受教育和学习知识的机会，最重要的学习内容之一就是学会学习。联合国教科文卫组织国际教育发展委员会在其所编著的《学会生存》中指出：“大学期间，最为重要的任务不在于掌握多少现成的知识，而在于学会学习；不在于学问有多深，而在于掌握做学问的方法。只有学会了学习的技能，才能面对新知识，遇到新情况而心不发虚，从容应对。”学会学习是现代学习的一种新观点，对大学生更是如此。所谓学会学习，不仅仅指学习者要善于选择学习内容、学习途径、学习方式，也指学习者要使自身的学习活动符合自己的个性，构造趋向于目标的步骤，选择科学的学习方法，自如地开展学习，并能及时反馈和进行自我调控。学会学习对大学生来说，其实质性含义就是在掌握科学的学习策略的基础上，形成学习的自主性、自觉性，即不管是在学校还是走出校门，都能自主、自觉地去学习，因为这是一个需要终身学习的社会。

小李在高中时学习成绩良好，在老师和父母的监督下，小李生活的唯一重点就是学习，目标是考上大学。很多年长的朋友告诉小李，大学生活不仅丰富多彩而且充满自由。金秋之初，伴随着高考的喜悦，小李走进了大学殿堂，准备开始美好的大学生活。大学里再也没有父母的唠叨和管教，可以自由支配所有课余时间。上网玩游戏成为小李主要的课余活动，网络游戏对小李来说非常新鲜、有趣，即使收到了补考通知单也未能唤醒沉溺其中的他。转眼间，大学快要毕业了，回首自己所谓的大学生活，小李感慨万千，甚至想哭，不是因为离别，而是因为什么都

书迟。

——颜真卿

攀登科学文化的高峰，就要冲破不利条件的限制，利用生活所提供的有利条件，并去创造新的条件。

——高士其

没学到……

中国某高校调查显示，在临近毕业的学生中，有近40%认为自己在大学中最后悔的事是“没有用功学习，虚度了大学时光”。美国哈佛大学图书馆有这样一条训言：“此刻打盹，你将做梦；而此刻学习，你将圆梦”，意在告诉大家，人的时间和精力都是有限的，如果你想在进入社会后，在任何时候任何场合下都能得心应手，那么你在哈佛的学习期间就没有晒太阳的时间。在哈佛广为流传的一句格言是：“忙完秋收忙秋种，学习，学习，再学习。”

青年同志们必须记住，想要连跑带跳地把过去的一切文化遗产得着，那是办不到的。这需要有坚定的顽强性和艰苦的劳动。要知道，在这条路上克服困难，这件事本身就是非常好的兴奋剂。

第一节　读大学，究竟读什么

当你揣着录取通知书走进大学校园，你便是一名大学生了。不知道你有没有考虑过这样一些问题：大学生和非大学生的区别究竟是什么？难道仅仅只是一本小小的学生证或毕业证？读大学，究竟又是读什么？

一个机电专业的大学毕业生能够操作、维护一台机器，但是一个只有初中学历的熟练技工也照样可以操作，甚至比大学生操作得更好；一个外语系毕业的大学生能够说一口流利的外语，能够将长篇的外文资料翻译成中文，可是，一个跑到外国卖了几年烤红薯的人也能说外语，甚至比大学生说得更地道……

所以，大学生和非大学生最主要的区别绝对不在于是否掌握了一门专业技能。如果是这样的话，那大学跟技校也就没有什么两样了，顶多也只算是一所规模更大的技校。而且就专业技能而言，大学生不一定比得过技校生。因为技校厨师专业学生的第一节课可能就要学切菜，而假如大学开设了厨师专业，肯定要用两年时间来研究厨师的社会使命、职业道德、历史演变和学术分类等。

那大学生究竟凭什么区别于技校毕业生并进而区别于一切没有读过大学的人呢？要回答这个问题，我们不妨先来看一下张小姐写的关于自己毕业求职经历的文章。

第一次，有家电器公司通知我面试，出门前打扮得太久，加上路上堵车，结果整整迟到了一个小时。工作人员扬起手上一堆报名表对我说：“小姐，你不适合做员工，适合做老总。”

第二次，我素面朝天地提前来到一家礼仪公司，可工作人员依然摇着头对我说：“注重仪表是对别人的尊重，你在学校没有学过吗？”

几天后，一家英国公司的招聘广告让我重新打起精神。这次的应聘与前两次都不一样，公司对形象没什么要求，我也很准时地到了应聘现场。所有面试的人都集中在一个大房间里，考官给每个人发了一张试卷，上面只给了一道看起来简单的题目：英国每年买几个高尔夫球？没有其他数据，要求在45分钟内完成。

一看到这个莫名其妙的题目，我几乎傻眼了。后来仔细一想，发现这道题不是要我答出一个确定的数字，而是需要一个思考的过程。这样的题目对我这个经济系的高才生来说并不算难，中间涉及的很多管理知识对我来说也轻而易举。

所谓的“英国买”其实就是英国进口。进口的数量与市场需求有关，市场需求与人口有关。英国有多少人口，这个我脑子里要有数。可以假设16岁至70岁之间有多少英国人，其中最有可能打高尔夫球的30岁至45岁之间有多少人。为了使数据精确，我还在答题纸上写明了如何进行抽样调查。写完步骤后，我再假设50万人口在打高尔夫球，这些人当中经常打的有多少人，这些人估计每年要用多少球，其他的人会多久打一次，需要用多少球。这些数字加起来就是英国总的市场需求。最后我写下一组数字，并满意地交了答卷。

一个月后，我收到这家公司的录用通知。

张小姐第一次面试因为迟到而失败，第二次又因为仪表而被拒绝。作为一个求职者，她犯了两个很不应该犯的错误，因为守时和注重仪表都是做人的基本要求，也是对别人最起码的尊重。但是，我们并不能因此而断定张小姐不是一个合格的大学生。虽然一个受过高等教育的大学生更应该知道守时和注重仪表的重要性，但是，这种做人的常识不但大学生需要知道，而且其他每个人都应该知道。我们不应该用做人的标准来衡量一个大学生是否合格，否则就相当于抹煞了大学生和非大学生之间的区别。一个没上过学的农民可能非常守时，而一个著名学者却可能

读书有三到，谓心到，眼到，口到。心不在此，则眼看不仔细，心眼既不专一，却只慢朗诵读，绝不能记，久也不能久也。三到之中，心到最急，心既到矣，眼口岂不到乎？

——朱熹：《训学斋规》

非常邋遢，这都不影响他们继续做农民或者做学者。

张小姐第三次面试的时候证明了自己作为一个合格大学生的实力。如果面试时那个问题的答案只是一个确定的数字，那么在答题的时候一个读过大学的人和没读大学的人比较起来丝毫也不占优势，因为大学生没有理由一定会比别人的记忆力更好。很多孩子拥有过目不忘的能力，但他们并不是大学生。既然张小姐面试时那道题目考察的不是一个数字，而是一种分析问题的方法，那么大学生的优势便凸现出来了。张小姐在大学期间经过系统的思维训练，对于分析问题、解决问题的方法有着丰富的理论知识，所以在面对一个问题的时候不会再单纯地从简单记忆或者机械模仿的角度来考虑，她能够站在更高的高度来分析、解决问题。在这种时候，被动的记忆能力已经上升为主动的分析能力和独立的思考能力，而这种能力正好是一个合格大学生最本质的特征。

读书也像开矿一样，"沙里淘金"。
——赵树理

重要的不是知识的数量，而是知识的质量，有些人知道很多很多，但却不知道最有用的东西。
——托尔斯泰

社会需要的也正是大学生这种系统分析的能力。不管在什么行业工作，所面对的问题都是纷繁复杂的，如果没有系统分析、独立思考的能力，就算把所有的书本吞进肚子，就算大学期间每次期末考试得第一名，也绝对不可能在工作中脱颖而出。

为了让自己拥有全面的能系统而深入地分析、解决问题的能力，前提便是需要拥有深厚的专业知识。没有专业知识作为基础，深入分析问题的能力就不会凭空产生，就算拥有了这样的能力，也无法将这种能力付诸现实的工作之中。

比如说，某个人知道应该通过社会调查来作出某种判断，但如果他没有掌握社会调查的相关知识，设计调查问卷都会很成问题，调查出来的数据也很可能背离调查的初衷。再比如，如果他思维非常活跃，很善于发现市场空缺，但他却没有一定的知识背景，发现的市场空缺可能会毫无市场价值，就算有价值也很难变成一个切实可行的项目。

第二节　了解大学学习的特点

大学与中学的最大区别，在于教学方式的不同。高中阶段，虽然也倡导素质教育，但多数学校仍然围绕着“高考”这根指挥棒在转，为了追求高升学率，往往采取的是“灌输式”的教学方法，学生们习惯于老师教什么就学什么，完全是一种被动的学习。而在大学则强调学生的自学能力，要求同学们必须有自主学习的观念。另外，中学教学侧重于课堂讲授，而大学要求学生不仅要有广泛、坚实的理论基础，更重要的是应具备熟练的基本技能，因而课堂教学相对中学而言要少得多。面对这一转变，可能有部分同学感到不适应，不知道自己要学什么，如何去学，往往表现为下课后无所适从，茫然无绪。要想真正学到知识和本领，除了继续发扬勤奋、刻苦的学习精神外，还要适应大学的教学规律，了解、掌握大学的学习特点，选择适合自己的学习方法，构建自己的知识与技能体系，以适应社会的需要。

——《韬奋文集》

在书本中找出可以把自己引到深处的东西，把其他一切统统抛掉，就是抛掉使头脑负担过重和会把自己诱离要点的一切。

——爱因斯坦

一、学习的主动性

大学学习与中学学习截然不同的特点是依赖性的减少。课堂教学往往是提纲挈领式的，只讲难点、疑点、重点，余下的需要学生自己花大量时间去理解和掌握，而不是像中学生那样依赖教师的计划和安排。你必须充分发挥自己的主观能动性，发挥自己的潜力。

前面已经交代过，大学的学习活动主要有四种形式：按教育大纲规定的课堂学习活动；补充课堂学习的自学活动；独立钻研的创造性活动；相互讨论、相互启发的学习活动。我们应发挥学习的主动性，从自身实际出发，选择最合适的学习法，并根据自己的学习目标和专业要求选择、吸收、消化有用的知识。

很多大学生进入大学后因为没了升学压力，六十分万岁成了他们的最高目标，逐渐变得懒惰起来。把握学习主动性要有积极的态度，要积极地规划大学3年，规划中的志向和兴趣将为你提供方向和动力。只要认真制定、管理、评估和调整自己的人生规划，你就会离自己的目标越来越近。

二、学习的专业性

大学学习实际上是一种专业学习。这种专业性，是随着社会对本专积累知识，也应该有农民积肥的劲头，捡的范围要宽，不要限制太多……牛粪、人粪、羊粪都一概捡回来，让它们统统变成有用的肥料，滋养作物的生长。

——邓拓

业要求的变化和发展而不断发展的。事实上，从报考大学的那一刻起，专业方向的选择就提到了你的面前。录取以后，专业方向就已经基本确定。整个大学学习的内容都将围绕着这一方向来安排。此外，大学还会根据培养专门人才的要求，开设大量的选修课、专题讲座、实验、实习及社会调查等许多反映现代科学技术发展的新知识和新内容的课程和实践活动。

新同学应该尽快熟悉和适应学校的学习环境，包括熟悉自己所学专业的具体内容和该专业对学生的具体要求。我们应当清楚地认识到，进入大学学习是为未来职业生涯做定向准备，这与高中是不同的。高中教育是为未来职业生涯做最基础的准备，但大学教育就有了更明确的方向性。

需要明确的一件事是，任何人所适合的职业或者专业都有一个大体的范围。我们需要牢记，无论职业选择还是专业选择，都是双向的。“选择我所喜欢的，喜欢我所选择的。”既然你已经选择了这个专业，就应当意识到这个专业将陪伴我们走过三年的学习时间，且日后也将成为我们融入社会、赖以生存的重要手段之一。虽然有时是专业选择了我们，我们也必须完成从不情愿到主动热爱的转变过程，逐渐了解它并尊重它。学习什么样的专业并不重要，重要的是自己能不能将自己的特长找出来，并将它发挥出来，专业的对口与否并不是阻碍自己前进的绊脚石，关键看你有没有才能，有没有独到的思维，有没有观察、分析问题的独特见解和眼光。人是有差别的，而且永远不会实现完全的平等。曾有这样一个比方，假如给一位穷人与一位富人同样的财产，让他们在同样的条件下生活，不出几年，他们又将出现同样的贫富差距，这不能怪社会不公平，只能说人的能力是有差别的。

三、学习的广泛性

大学的学习是多层面、多角度的，表现在两个方面：一是我们在学习过程中可以通过各种不同的途径和渠道吸收知识，也可以靠广泛的兴趣去探求课程之外的知识。上课时间之外，大家有较多时间自由支配，可以在学校提供的丰富多彩的校园活动中广泛地学习，如去听学术报告、知识讲座，参加专题讨论、社会调查等。众多形式为我们从不同层次、不同角度学习知识创造了条件。二是我们在活动中可以发展自己的兴趣，不断调整、丰富自己的学习内容，形成合理的知识结构。

学科交叉、文理渗透已成为时代发展的必然趋势。精通专业又知识广博的人，才是时代最需要的人才。同学们可以在众多的学习活动中发展自己的兴趣，不断调整、丰富自己的学习内容。我们要取得事业成功，就必须同时具备做人的素质和科学文化素质，这两方面是不可分割的，犹如一枚硬币的正反两面。

四、 学习的创造性

人才的根本标志不在于积累了多少知识，而是看其是否具有利用知识进行创造的能力。这就要求学生在学习知识的过程中，不拘泥于书本，不迷信权威，不墨守成规，以已有的知识为基础，结合学习的实践和对未来的设想，独立思考，大胆探索，在全面掌握专业知识和其他有关知识的基础上，培养自己的创新精神、创新意识、创新思维，思考新问题，尝试新方法，探索新途径。知识经济的本质是创新。从长期来看，我们在以后的职业生涯中，没有创新就很难有发展和进步。因为你没有学会分析问题，不能对事物提出新的见解，不能开拓性地开展工作，所以只能在别人的指挥下被动工作。

学会创造性地学习，是最可贵的，也是最困难的。这需要你在学习中加强趋异、求新、自信、冒险、进取等品质的训练和培养，要敢于认识和研究自己所不知道的问题，善于将新的学习内容灵活地纳入已有的认知结构，从而更新自己的知识和经验，提高认识发展水平，实现对自身的超越。

具有创新素质的大学生在就业市场中具有更强的竞争力。有了科学方法，才有能力创造，变不可能为可能，这是创新型人才的必备潜质。微软公司在引进人才时有一套自己的方法，比如会问你“上海有多少个加油站”“上海的出租车产业占上海经济中的多少比例”。这些问题当然不是考查你的记忆力和常识，事实上也没有什么标准答案。关键是考察你分析问题的能力以及如何找到一个恰当的切入点来回答问题。

读过一本好书，像交了一个益友。——臧克家

能够摄取必要营养的人要比吃得很多的人更健康，同样，真正的学者往往不是读了很多书的人，而是读了有用的书的人。——亚里斯提卜

第三节　高职学生技能的学习

由于高职院校的办学目标是培养应用型、技能型的人才，具有明显的职业定向性和岗位针对性，所以高职院校的学生除了要具有扎实的书本知识之外，还要重视专业技能的训练与拓展，重视培养研究和解决问题的能力。高职学生素质技能的培养，可以考虑从以下几个方面进行：

一、重视交流技能的培养

本世纪最成功的从业者应是全面发展的人，最具有开拓精神的人，最善于与人沟通和交往的人。因此，交流技能的培养尤为重要。学生与老师、学生与学生要充分地交流。在交流的过程中，分享大家的想法，得到更多的启示，学到更多的知识，从而全方位推进个体的学习进程。

交流技能包括口头和书面的表达技能，全面阅读和理解技能，批判性思维和推理及解决问题的技能，适应性和灵活性，听和说及成为小组一分子的技能等。口头表达技能是与他人沟通和交往的一个重要方面，从平时参与课堂讨论、小组活动进行培养，使我们在今后的工作中能与他人友好合作，从而使我们具有团队意识，能与他人很好地团结，共同完成任务；阅读和理解技能，要求能够从大量的书面材料和网上资料中获取所需信息，在阅读实践中逐渐提高阅读能力，学会主动阅读并进行交流和分享；书面表达技能需要在长期的练习中逐步培养和提高，学会观察、学会思考，既要将工作中的经验及时总结出来，又能根据需要运用不同文体、并根据材料的特点书写文字报告。

二、学会运用信息技术

随着信息化网络时代的到来，人类生存和发展的主要手段发生了重大变革，可以使用信息技术从事一系列日常工作，如文字信息处理、模型设计等；并对各种纷至沓来的信息进行处理、筛选，进行去伪存真的分析与综合、比较与选择、运用与派生等，这已成为人类生存发展的基本技能。

利用现代信息技术培养我们的信息技能主要包括：

阅读一本不适合自己阅读的书，比不阅读还要坏。我们必须会这样一种本领，选择最有价值、最适合自己所需要的读物。——别林斯基

书犹药也，善读之可以医愚。——刘向

1. 运用信息工具的技能

掌握从图书馆资料中检索到计算机信息处理以及各种软件、网络浏览器、网络通信工具的灵活使用方法。

2. 主动获取信息的技能

具有敏感的主动获取信息的意识；能够根据自己的学习目的去发现信息；收集整理必要的信息，包括参观、采访、实验、问卷、检查及各种现代媒体的应用，如数字图书馆、网络的利用等。

3. 善于处理信息的技能

包括检索、筛选、鉴别、使用、表达和输出信息的技能。能够从大千世界丰富的信息中选择和鉴别自己所需要的信息；能够明白易懂地表达自己的研究成果，并传递给他人，包括研究结果的表达、媒体的应用、信息的存储与变换、发表与传播的有效方式的选择等。

4. 使用信息进行学习的技能

善于充分运用信息进行学科知识的学习和研究。

三、 大力培养创新能力

解决问题技能的培养是职业教育的一个重要目标。审时度势，权衡优劣得失，吸取不同意见，合理承担风险，并从多种替代办法中择优做出决策是对我们职业生涯的考验。我们不仅要能够在自己擅长的领域内解决问题，更重要的是能够在自己不熟悉、不擅长的领域内思考与解决问题。高职院校学生在校学习期间，必须在全面掌握专业知识和其他有关知识的基础上，加强专业技能的培养和智力的开发，在学习书本知识的过程中应重视教学实践环节的锻炼和学习。我们要认真搞好专业实习和毕业设计，积极参加社会调查和生产实践活动，努力运用现代科学知识和科学手段研究并解决社会发展和生产实践中的各种实际问题，克服在学习中存在的理论脱离实际的不良倾向。通过探究活动，运用自己已有的知识经验去寻求问题，去发现问题，并用不同的方法去解决问题，在问题解决的过程中学习如何解决日常生活中的相关问题，并能检查和评价问题，发现知识、发现问题，而不是被动地获得结果；探究创造性解决问题的方法和形成探究的习惯，而不是坐等成果。通过创设“真实

……没有翅膀。——莎士比亚

各种蠢事，在读书的影响下，仿佛在火上一样，渐渐熔化。——雨果

不读书就没有真正的教养，也不可能有鉴别力。——《赫尔岑论文学》

的学习情境”，在应用中学习，在学习中应用，就能更有效地建构自己的知识，更有利于知识的正迁移和解决问题技能的养成。

第四节　学会利用学习资源

在当今社会，知识更新的速度越来越快，获取知识是大学生必须具备的重要能力之一。不会自学或没养成自学的习惯，将会被时代前进的步伐远远抛下。每所大学里都拥有许多的学习资源，关键在于你如何最充分地加以利用。善于通过多种渠道的学习资源来获取知识，无疑可以使你的大学学习更加成功。因此，善于充分地利用大学的学习资源，培养和提高自学能力，是我们适应大学学习的一个重要方面，也是我们树立和实践终身学习理念的基本条件。

一、问老师，请教同学

孔子曰：“三人行，必有我师焉。”大学几年，与我们朝夕相处的，正是我们的老师和同学。老师和同学不仅是自己的学习伙伴，也是最好的知识来源。作为课堂学习的延伸，大学新生要善于向老师请教，勇于提出问题。不要为自己的问题是否太幼稚而担忧，只要这一问题是你经过深思，四处寻找答案而“百思不得其解”的，就可以提出来。你必须主动去学习，而不是被动地等着良师来教导你。良师随时都在，但如果你不去敲他的门，他也不会来找你。当良师尽心尽力地提供给你建议时，你要学会倾听，要真正抓住他所说的重点，才能正确地理解他所要表达的意思。

学校里有许多有经验、有知识的同学、学长，要与他们多交流，他们的经验和教训对我们的帮助是最直接的。遇到困难，要虚心请教，看看别人是怎样处理类似情况的，而且，请教同学也是得到答案最快的方式。正所谓“闻道有先后，术业有专攻”，每个人的专长不同，每个人对问题的理解和认识都不尽相同，只有互帮互学，大家才能共同进步。当然，对于本专业的学长，我们更应多多请教，因为他们经过了专业课程的学习和考试，对课程内容的重点难点、老师出题的思路及方向、学

好的书籍是最贵重的珍宝。——别林斯基

人无贤愚，非学曷成。——陆以田

理想的书籍是智慧的钥匙。——托尔斯泰

习时要注意的相关问题、以后在工作或研究中本课程的哪些知识有用都有所了解，这样可以让我们在学习中少走弯路，尽快达到目的。

二、 充分利用网络和图书馆资源

在信息时代，网络已经成为获取知识最快捷的手段。合理地、有计划地利用网络，可以极大地开阔自己的思路，这也是大学生学习的主要形式之一。通过网络，大学生可以和世界各地的人们交朋友，了解世界每个角落的风土人情，收看最新的新闻信息、科技动态，参加各种论坛和社区、在线交谈，在网友的帮助下寻找难题的答案。

图书馆是大学生培养自学能力、获取丰富知识的重要场所之一。对于大学新生来说，图书馆是第二课堂，是大学生最亲密的“伙伴”。与中学不同，大学的学习更多地要靠你的自觉性。能否更好地利用图书馆，几乎就意味着你的大学学习是否成功。大学新生入学后办理好阅览证、借书证之后不妨先去学校图书馆大致浏览一番，弄清楚怎样使用电子检索系统找到自己想要的书，怎样浏览图书馆新进的书籍，每个阅览室有些什么方面的图书，外借书一次可以借阅几本，续借有什么要求，怎样预约书籍等问题。你还要特别关注电子图书馆。与传统图书馆藏书不同的是，电子图书馆的众多图书不再孤立散布在世界各地的图书馆中，而是永久性地存储在硬盘、光盘之中，或流动在全球信息网络中，成为全球人类共享的信息财富。你可以直接从网络上进行资料传递与查询，并将感兴趣的内容下载到自己的计算机中。

> 只有知识才是有用的，只有它才能够使我们在精神上成为坚强、忠诚和有理智的人，成为能够真正爱人类、尊重人类劳动、衷心地欣赏人类那不间断的伟大劳动所产生的美好果实的人。
>
> ——高尔基：《论青年》

三、 善于听讲座

学校会针对各类主题举办各种类型的讲座，或请本学校的老师来讲，或请校外的知名学者或专家来讲，对此同学们要积极地参与。

通过听讲座不可能学到系统的知识，但是，一场好的讲座或许可以让你获得一种新的思维方法，对于某一个具体的问题获得某些更深入的见解。最好是能在听讲座前做一些准备，如针对讲座的主题做一些分析、针对主讲者做一些了解等，这将有利于你更好地把握讲座的内容，事半功倍。如果能够在讲座现场或讲座结束后就某些疑问与主讲者沟通交流，那将对你有一个很好的提升。

要热爱书，它会使你的生活轻松；它会友爱地来帮助你了解复杂的思想、情感和事件；它会教导你尊重别人和你自己；它以热爱世界、热爱人类的情感来鼓舞智慧和心灵。

——高尔基：《论青年》

第五节　关于学习的其他建议

一、如何面对专业课、公共课、选修课

(1) 对专业课的学习，应目标明确具体，主动克服各种学习困难，不断提高学习兴趣。不同专业的大学生有不同的专业课，但不同专业的大学生对待本专业课程的学习态度应该是一致的，那就是不管喜欢与否，都要尽力把专业课学好。在学习专业课的时候，学习目标要明确具体，不断提高学习动机和学习兴趣，主动克服各种学习困难，做到将直接学习兴趣和间接学习兴趣相结合。

(2) 对待公共课，要认识到其实用的价值，努力把对公共课的间接学习兴趣转化为直接学习兴趣 。总的来说，大学生对公共课的学习积极性普遍不如专业课，有相当一部分学生持消极应付的态度，学习目的不明，目标不清，动机不强，学习兴趣主要看老师的教学水平，如果老师的课讲得生动活泼，他们愿意听，有兴趣学。但这种学习兴趣主要是间接学习兴趣，而且大多停留在较低水平上，只限于上课认真听讲，把听课当成了一种享受或是对专业课的调剂。

因此，大学新生要端正对公共课的态度，要充分认识到公共课的实用价值及对自己的意义，努力把间接学习兴趣逐渐转化为直接学习兴趣，部分实用性强的公共课（例如外语）要当成专业课来学习。

(3) 对选修课的学习，应注意克服仅仅停留在浅层的了解和获知的现象。大学生对待选修课的学习一般来说兴致较高，认为选修课可以开眼界，长见识，扩大自己的知识面。而且选修课的学习要求不严，大学生较少产生逆反心理。但选修课在大学生心目中的地位和分量毕竟不如专业课和公共课，大学生真正投入学习的不多。学习目的较模糊，学习动机不强，学习既不消极也不太积极，上课时注意力集中程度不高，认识能力也较少充分发挥。

因此，大学新生对选修课的学习，应注意不要仅仅停留在浅层的了解和获知上，更要杜绝为了捞取学分才选修某些课程、“选而不修”的不正

常现象。

二、 如何安排你的课余时间

丰富多彩的大学课余生活令人眼花缭乱，如何安排自己的课余时间呢?大学校园的课余生活丰富多彩。除了日常的教学活动之外，还有各种各样的讲座、讨论会、学术报告、文娱活动、社团活动、公关活动等。这些活动对于大学新生来说，的确感到眼花缭乱，对于如何安排课余时间，大学新生常常心中没谱。如果完全按照兴趣，随意性太大，很难有效地利用高校的有利环境和资源。

要合理地安排课余时间，首先对自己在近期内的活动有一个理智的分析。看看自己近期内要达到哪些目标，长远目标是什么，自己最迫切需要的是什么，各种活动对自己发展的意义又有多大等。然后做出最好的时间安排，并且在执行计划中不断地修正。

另外，最好能专门制订一份休闲计划，对一些较重大的节假日和休闲项目做出妥当的安排，这样能使你的休闲和学习有条不紊地交叉进行，使身心得到有效的放松和调适。而且，一旦你制订出了既愉快又切实可行的休闲计划，那么在这一时间尚未到来之前，你的心情会是愉快而充实的，能精神振奋地投入到学习和工作之中。

要留出足够的时间来进行体育锻炼，最好能根据自己的身体状况和客观条件制订出一个体育锻炼计划，务必拥有一个健康强壮的身体。要知道，身体是从事一切活动的“本钱”，也是一个人心理健康的物质基础。

大学新生要善于利用课余时间，开展一些有益的文娱活动，如唱歌、跳舞、下棋等；尽量培养自己具有多种兴趣爱好，如集邮、剪贴、垂钓等，这样可以增添你的生活情趣，使你的生活充实丰富。若能够拥有一项或多项自己有兴趣而又擅长的爱好，那是再好不过的了。有些同学擅长书法，或精于制作手工艺品，或乒乓球打得好，这无疑会给他们的人生增添无穷的乐趣，也有利于建立自信心，增强社会适应能力。

此外，还可以利用课余时间阅读一些自己喜欢的书籍报刊。以读书为乐事，既可以排遣烦忧，愉悦性情，又可以获取知识，增长智慧，对大学生身心的健康发展非常有利。

光阴给我们经验，读书给我们知识。——奥斯特洛夫斯基

一本新书像一艘船，带领我们从狭隘的地方，驶向无限广阔的生活的海洋。——凯勒

青，取之于蓝，而青于蓝；冰，水为之，而寒于水。——荀子：《劝学》

第三章　学会做事

做事是要讲本领的，也是要讲技巧的，切不可带有盲目性。聪明人善于以做人带动做事，以做事扩大成果，并把这两项视为人生牢不可破的定律。

“学会做事”旨在培养大学生处理事务的工作能力，这是大学生日后走向社会所必需的基本素质。不管是从事基础研究，还是行政事务管理、规划设计、产品开发、营销策划、教育教学改革等，都是在做事，在做一件一件的事。对于一些简单的事务可能只需稍加思索就能够找到合理的解决方案，而对于一些复杂问题和事务的处理，往往需要遵循一定科学的、可行的程序，这样事情才能够得到比较完善的解决。

不会做事可以说是现代中国社会人群的一个重要的素质缺陷，在某些机关官员、企事业单位主管中，通过拍脑袋作出决策的大有人在。这就不可避免出现决策的失误，今天刚刚作出的决策，明天发现出了错，又返回来，所以才会出现今天向左、明天向右、摇摆不定的局面，这对社会生产力的发展具有很大的阻碍作用。

当我们用心分析那些成功人士履历的时候，就会发现他们都有一种独特的做事之道，或者说他们总是在琢磨一条适合自己发展的成就大业的方法，他们在不断地选择，不断地排除，从最佳的“路线”开始突破，所以赢得了自己成功的人生。

第一节　学会做事的四项原则

学会做事的四项原则是：遵守规则、讲究效率、宽容合作、合理消费。

读书在于造成完全的人格。——培根

图书馆使我得以研习而增进我的知识，每天我停留在里面一两个钟头，用这个办法补足了我失掉的高深教育。——《富兰克林自传》

一、遵守规则

按规则办事是地球公民的基本行为准则。如果每个人只从自身利益出发，不遵守公共规则，不考虑他人的意愿，这世界必定永无宁日，也必定危及每个人的利益。大学生要养成做事之前先了解规则的习惯，并自觉遵守有关规则而拒绝投机取巧。

有这样一个故事：1764年的一天深夜，一场大火烧毁了哈佛大学的图书馆，很多珍贵的古书付之一炬，让人痛心疾首。突发的火灾把一名普通学生推到了一个特殊的位置，他在经过痛苦的思想斗争后，终于做出一个勇敢的选择。原来在这之前，他违反图书馆纪律，悄悄把哈佛牧师捐赠的一本书带出馆外，准备悠闲地阅读完后再归还。突然之间，这本书成为稀世珍本。该学生怀着不安的心敲开了校长办公室的门，说明理由后郑重地将书还给了学校。校长先是表示感激，并对学生的勇气和诚实予以褒奖，然后就把他开除出校。赏罚分明，一点也不拖泥带水。对此，很多人表示不解，但是校长不作解释，他只亮出哈佛的理念：让校规看守哈佛，比用其他东西看守哈佛更安全有效。

在规则面前，人人平等，要公平就必须敬畏规则。有序的文明社会，必须有各种规则来保证。有个“海归”朋友说，在美国，公司作决策时，往往有许多不同意见，大家吵得不可开交，甚至一地鸡毛，但是一旦规则定了下来，不管是哪一派都心服口服，并百分百地去执行；相反，在国内，在讨论方案的时候，大家好像和气一团，没有争议，可是一旦新规则定下来后，有人就故意找茬不予合作，尽与规则作对。

中国人往往敬畏权威，但是漠视规则。从最简单的“排队”这一社会规则看，中国人的表现可以说是不尽如人意。不管是在银行还是医院，车站还是机场，总有人“插队”，大家喜欢“挤挤”一堂、“乱”中取栗，对于不排队或者插队，很多人不觉得羞耻，反而觉得能干、机灵。

有人为了考验德国人对规则的遵守，分别在两个电话亭上贴了“男”“女”标志，观察到的是德国人果然按照电话亭上的标志，男女各进各位，就算一边排着长队，另一边的电话亭是空的，但是从来没有人不遵守这一规则。美国人在邮局前排队，排在队伍前面的顾客，一般

现在，我怕的并不是那艰苦严峻的生活，而是不能再学习和认识我迫切想了解的世界。对我来说，不学习，毋宁死。——罗蒙诺索夫

读书愈多，精神就愈健壮而勇敢。——高尔基

希望是很好的早饭，却是很糟的晚饭。——培根

勿以恶小而为之，勿以善小而不为。唯贤唯德，能服于人。——刘备

伟大的事业需要始终不渝的精神。——伏尔泰

距离正在接受服务的顾客至少一米远：一方面避免彼此靠得太近不舒服，一方面也是尊重别人的隐私空间。如果服务窗口不止一个，也不是每个窗口前面都排一个队，而是只排一个队，前面的人依次序到空出来的窗口办事，以保证先来的人先接受服务。甚至现在经济比我们落后的俄罗斯，在他们的语言里也没有“插队”这个词汇，他们的穷人在寒风里领取救命的面包时也非常自觉地排着长队，但是我们的“有钱人”在银行里储蓄却因为插队而大打出手。高贵与粗鄙，在规则面前表现得淋漓尽致。

敬畏所有光明正大的规则，就是尊重公平、效率与我们自己。

二、讲究效率

高效率的人懂得如何利用时间、善用资源，我们必须以最短的时间和最少的资源，做出最大的绩效，这样才能确保成功。要每天思考自己做事的效率和做事的品质，这些是成功不可或缺的。好的开始来自于之前充分的准备，充分的准备来自于之前详细的规划，详细的规划来自于之前前瞻性的思考。

富兰克林说过：“你热爱生命吗？那么别浪费时间，因为时间是组成生命的材料。”这就是告诉我们时间的重要性。人是无法阻止时间流逝的，朱自清在《匆匆》中说过：“我觉察他去的匆匆了，伸手遮挽时，他又从遮挽着的手边过去。”

成功的事业离不开周密的设计与有效的奋斗。我们都希望走向成功，却又太放任自己的心血来潮和胡思乱想，没有长远的规划，也没有短期的计划，办事随意、拖拉，不讲效率。尽管这的确是青年人的正常现象，但我们应该认真对待效率这个问题，不要一味地拖拉，也不要只讲速度而不讲效果。要提高办事效率，可从以下几方面着手：

(1) 把你一生要做的事情写下来，并经常拿出来看。人生要有目标、规划，时间安排要有计划，要有紧迫感。一个又一个小目标串起来，就成了你一生的大目标。生活富足了，环境改善了，不要忘了那张看似薄薄的写满一生要做的事情的清单。

(2) 珍惜时间。成功的人很少体会到被时间牵着鼻子走的感觉。要

重点克服“办事拖延”的陋习，推行一种“限时办事制”，规定在限定时间内（如4小时、8小时、当天）完成具体事务。办事拖延居于浪费时间的首位，因为“拖”具有连贯性，当你做这件已经迟了的事时，下一件当然又被拖了下去。于是一拖便拖了一串，到头来哪件事都没少做，却每件事都没能准时做好。

(3) 有效管理好时间。将自己的工作按轻重缓急分为：A（紧急、重要）、B（次要）、C（一般）三类；安排各项工作的优先顺序，粗略估计各项工作时间和占用百分比；在工作中记载实际耗用时间；每日对比计划时间与耗用时间，分析时间运用效率；重新调整自己的时间安排，更有效地工作。

(4) 根据个人生活规律，选择每天精力最充沛、思想最集中的时间，去处理最重要的事情，达到事半功倍的效果；注意劳逸结合，不打疲劳战。

三、宽容合作

随着社会的不断进步和发展，在经济一体化与专业化分工日趋精细的大趋势之下，单枪匹马打天下的时代结束了，人类进入了一个合作的时代。合作意识与合作能力已经成为人们生存发展的重要品质。因此，培养与人共处合作，是大学生学会做事的重要课题。

合作是一种历史的选择，一种时代的精神，合作的前提是信任，合作的基础是理解，合作的关键是宽容。

宽容是幸福的开阔地，拥有一颗坦诚、宽容的心，就能悠然地驾驭复杂的环境。宽容是一种涵养、一种境界，要养成“宰相肚里能撑船”的度量、“能容天下难容之事”的胸怀；宽容是一种哲学，要能够洞悉怒火中烧的可怕、暴跳如雷的可怜、趋炎附势的可悲、小人得志的可笑；宽容是一种品格，能使初见者欣赏、久识者信任，友谊一点点增多，埋怨一点点减少。一个人不但要学会宽容别人，而且要学会宽容自己。失意时，多一份宽容、少一份苛求，自己送自己一束鲜花，自己给自己一点安慰，你就会走出遗憾，领略人生道路上的无限风光；失败时，多一份宽容、少一份懊恼，自己送自己一张风帆，自己给自己一点

青年是学习智慧的时期，中年是付诸实践的时期。
——卢梭

人类要在竞争中求生存，更要奋斗。
——孙中山

必须在奋斗中求生存，求发展。
——茅盾

勇气，你就会变得坚强，在人生的大海上劈波斩浪。

宽容是人和人之间必不可少的润滑剂。它和诚实、勤奋、乐观等价值指标一样，是衡量一个人气质涵养、道德水准的尺度。宽容别人是对对方的一种尊重、一种接受、一种爱心，有时候宽容更是一种力量。

林肯总统对政敌素以宽容著称，后来终于引起一议员的不满，议员说：“你不应该试图和那些人交朋友，而应该消灭他们。”林肯微笑着回答：“当他们变成我的朋友，难道我不正是在消灭我的敌人吗?”一语中的，多一些宽容，公开的对手或许就是我们潜在的朋友，这就是宽容的力量。

世间万物之所以能发展到今天，都离不开共处与合作。1985年，法国科学家发现蚂蚁能救火。后来，英国一位动物学家的实验证实了法国科学家的发现。英国科学家把一盘点燃的蚊香放进了一个蚁巢。开始，巢中的蚂蚁惊恐万状，约20秒钟后，许多蚂蚁见险而上，纷纷向火冲去，并喷射出蚁酸。可一只蚂蚁能喷射的蚁酸量毕竟有限，因此，一些“勇士”葬身火海。但它们前仆后继，终于将火扑灭。存活者立即将“战友”的尸体，移送到附近的一块“墓地”，盖上一层薄土，以示安葬。蚂蚁面临灭顶之灾的非凡表现，更加令人震惊，在野火烧起的时候，为了逃生，众多蚂蚁迅速聚拢，抱成一团，然后像雪球一样飞速滚动，逃离火海。那噼里啪啦的烧焦声，是最外层的蚂蚁用自己的躯体开拓求生之路时的呐喊，是奋不顾身、无怨无悔的呐喊。

杨振宁指出，如果说在过去还有可能一个人独自完成诺贝尔奖项工作的话，那么，20世纪80年代以来，尤其是进入信息社会以来，没有人们的共同参与、相互合作，任何重大发明创造都是不可能的。今天已不再是个人奋斗的时代，不再是一个人便能实现伟大发现的时代，而是一个合作奋斗的时代。

中国不缺少有才华的年轻人，而是缺少团结合作的精神。每一个人都不可能孤立地生活在这个世界上，我们必须生活在人群中，必须生活在人与人之间，不可能不与人交往，而谁愿意与自私的人交往呢?

随着社会的发展，人们越来越需要精诚团结，在共同的大目标下努

奋斗是万物之父。——陶行知

航海远行的人，必先定个目的地，中途的指针，总是指着这个方向走，不如此恐怕永无达到的日子。——李大钊

力把事情做好。虽然我们生活在一个以竞争取胜的社会，但社会需要的不是相互残杀，而是共同发展。成功者的道路有千千万万，但总有一些共同之处，团结协作是许多成功人士的共同特性。陶行知说得好：莫做人上人，莫做人外人，要做人中人。

合作是成功的最佳捷径，缺乏与人合作的精神和能力，就难以站稳脚跟。合作是一种团队精神，只有团结合作，才能集聚众人的胆略、才气、智谋和创造力，也才能以心志的统一、力量的统一来实现共同的目标追求；合作是一种态度，一个人不能孤芳自赏，只有正确地评估自己，才能看到自己的短处，也才能产生与人合作的强烈愿望。要主动与周围的同学多沟通、多交流，增进感情，在合作的过程中相互理解和支持，尤其当合作伙伴发生失误时，要开诚布公地指出失误，实事求是地分析原因，心平气和地探讨对策，尽快走出失误的阴影，重新振奋精神；合作的关键是要既合力又合心，只有拆除心灵上的“篱笆”，才能全身心地投入真诚的合作、全力以赴追求共同的事业。每个人受经历、环境和学识等因素的影响，即使是才华横溢，也不可能事事洞若观火，处处左右逢源，倘若与他人真诚合作，就会建立和谐的人际环境，工作得心应手，常常会收到事半功倍的效果。

学会宽容吧，宽容的人生一定绚丽多彩！学会合作吧，合作的事业一定硕果累累！

四、 合理消费

人们日常生活中所讲的消费，通常是指生活消费，是人们通过使用生活资料来满足自身物质文化生活需要的活动。从经济学角度来讲，在市场经济条件下，消费是建立在资源稀缺理念上的一种理性的经济行为，合理消费讲求办事投入最少的资源，付出最小的成本，获取最大的收益。而浪费则是对劳动产品和商品效用的占而不用或随便丢弃，为了达到某一目的，不计成本，不惜以牺牲大量宝贵的资源为代价。可以说，浪费是一种典型的非理性的经济行为。

在校大学生的“生日宴”现象，便是一种不合理的消费。我们消费的是父母的血汗钱，我们每个人都有生日，一个6000名学生规模的学

志。不失其所者久。死而不亡者寿。以其终不自为大，故能成其大。——老子

奋斗以求改善生活，是可敬的行为。——茅盾

『不耻最后』，即使慢，驰而不息，纵会落后，纵会失败，但一定可以达到他所向的目标。

——鲁迅

读书以过目成诵为能，最是不济事。

——郑板桥

校平均每天就有17～20人过生日，如果都去摆“生日宴”，至少就是17～20桌，耗资上万元，这是多么大的浪费呀！套用一句陶行知先生的话：“你吃我，我吃你，等于自己掏钱吃自己。”更要紧的是，还会导致相互攀比以及酗酒、打架、交通事故等事件的频繁发生。

消费与浪费，虽一字之差，但有着本质的区别。消费不合理、不适度，过于夸张和铺张，消费便成了浪费；而浪费绝不是消费，同时还会误导消费，破坏资源，影响社会风气，对经济发展终将造成极大危害。当前，全国上下弘扬科学发展观，倡导建设节约型社会，我们崇尚节俭，提倡合理消费、适度消费，反对铺张浪费、大手大脚。这些理念，我们不能只是口头上说说，更重要的是要体现在自己的行动上。

第二节　做事的基本价值观与态度

所谓价值观，是指“对人对事、做人做事”的基本态度。人的价值观是由人的世界观、人生观决定的，有什么样的世界现和人生观就有什么样的价值观。

胡锦涛同志关于树立社会主义荣辱观的重要讲话，体现了社会主义基本道德规范和社会风尚的有机统一。“八荣八耻”囊括爱国守法、明礼诚信、团结友爱、勤俭自强、敬业奉献的社会主义基本道德规范，对明辨是非、区别善恶、分清美丑提出了具体标准，既包含做人的基本准则，又包含做事的基本规范。细看日常生活领域，无处不有需要规范的行为，将荣辱观渗透到具体可行的细节中，对建立和谐社会必定会产生强大的推力。

有了正确的价值观，还必须努力培养自己，使自己具备正确的、可以适应当代社会的人生态度。这里所说的态度在某种意义上也可以被理解为做事的基本原则。

一、讲究诚信

所谓诚信，就是诚恳老实，有信无欺。

人是一种社会动物，总要与他人交往。人与人之间的交流主要是通过言行来进行的。

诚信是一个民族综合素质的体现，是我国传统道德文化的重要内容之一，也是现代文明的基石与标志。诚信是一个人无往不胜的法宝，它是道德的基础和根本，是人类一种具有普遍意义的美德，世界各国均重视对国民的诚信教育。

诚信，它是中华民族崇奉的立身处世之道。清朝吴县（今江苏苏州）人蔡磷，很讲究情谊，注重信义。他的朋友将一千两银子存放在他那儿，两个人并没有立下字据。不久，朋友死去了，蔡磷便把朋友的儿子找来，将银两如数还给他。年轻人不知道有这回事，很是吃惊，坚决不肯接受，说："不行，不行。哪有这样的事，存在老伯这里一千两银子而不立字据的！再说，先父也没有提起过这件事。"蔡磷笑笑说："字据虽然没有立在纸上，但却立在心中。你的父亲知道我的为人，所以才没有和你讲。"他还是把一千两银子交给了年轻人。

当代大学生对于诚信的认知与诚信观念的信奉有着较大的差异。有的大学生对诚信行为选择有着较大"现实性"的特点，即认为讲诚信的成本远远大于不讲诚信的成本，不讲诚信的行为在现实中的收益远远大于讲诚信的收益。这是一种非常错误的认识，诚信既是一个人做人处事的基本原则，又是治理国家必须遵守的规范，它对于中国人的思想信仰和人格塑造，调节人与人之间的关系，维系社会秩序，有着重要的作用。大学生作为当代的骄子、国家未来的栋梁，讲究诚信十分必要。

了人生目标的人，是最不幸的人。——赵鑫珊

路是脚踏出来的，历史是人写出来的。人的每一步行动都在书写自己的历史。——吉鸿昌

二、尊重他人与自我尊重

1. 尊重他人

尊重是一种修养，一种品格，一种对他人不卑不亢、不仰不俯的平等态度，一种对他人人格与价值的充分肯定。任何人都不可能完美无缺，我们没有理由以高山仰止的目光去仰视别人，也没有资格用不屑一顾的神情去嘲笑别人。一个真正懂得尊重他人的人，必然会以平等的心态、平静的心境，去面对事业上的强者与弱者，面对所有生活中的幸运者与不幸者。

尊重是一缕春风，一泓清泉，一颗给人温暖的舒心丸，一支催人奋

进的强心剂。给成功的人以尊重，表明了自己对别人成功的敬佩、赞美与追求；给失败的人以尊重，表明了自己对别人失败后的同情、安慰与鼓励。只要尊重在，就有人间真情在，就有未来的希望在，就有成功后的继续奋进，就有失败后的东山再起。

学会了尊重别人，就学会了尊重自己，也就学会和掌握了人生的一大要义。

心理学的研究表明："自尊需要在自我意识成熟以前就已经存在。"例如一个一年级的小学生，第一天上学就哭着回来了，她说："一连四节课老师都没有看我一眼。"这个例子很生动，很容易让人体会到一种被忽略的感觉，这种感觉就让人觉得不被尊重，就会产生很强的挫败感，从而打击了积极性。学生在上课时，不被老师重视，其实可能会比让老师批评更让人觉得难过。同样，在团体活动中也是如此，一个在角落里，被朋友忘记的参加者，一定不会觉得这个聚会有意思，而且很可能下次就不会再参加这种类型的聚会了。

人生的价值，并不是用时间，而是用深度去衡量的。——托尔斯泰

一个人的价值，应该看他贡献什么，而不应当看他取得什么。

2. 自我尊重

自我尊重，指人对自我行为的价值与能力被他人与社会承认或认可的一种主观需要，是个人对自尊和价值的追求。这种需要与追求如能得到满足，就会产生自信心，觉得自己有价值，否则就会使人产生自卑感、软弱感、无能感。自我尊重还有自己尊重自己的含义，即尊重生命。生命并不仅仅是一种生物的机能，生命更是我们人生中最宝贵的一笔财富。我们从父母那里获得这笔财富，然后着力经营。尊重生命，让生命粲然，让生命"开花"，是我们自己的责任。

什么是生命中最重要的事呢？每个人都会有自己的回答，也许是事业有成，也许是周游世界，也许是孝顺父母，也许是舍己为人，也许是永远探索，也许是安分守己……而这些就是我们想要的，也是我们生命中最重要的事。只有当我们努力获得或者实现了这些最重要的事情时，我们的生命价值才得以体现。

随着社会的变迁，竞争压力增大，我们常常会听到放弃生命、选择死亡的事情。这就是对自己生命的不尊重和蔑视，是一种极端不负责任

的态度。

3. 尊重自然

人类生活在大自然中，人与自然相互依存，关系密切。尊重自然就是尊重我们人类自己，珍爱自然也是珍爱我们人类自身。

随着人类社会进入工业时代以来，科学技术创造了高度发达的物质文明，在繁荣和辉煌的成就面前，人的创造精神、开拓欲望空前高涨，一种无所不能、无所畏惧的自大与傲慢油然而生。

人类以自我为中心，却被大自然逼入了困境。过分崇尚人的价值，却使自己的生存与发展受到威胁。在新的世纪，我们应该认识到大自然的神圣性，恢复大自然的尊严，要从大自然的征服者转变为大自然的朋友。

三、对真、善、美的追求

“千教万教，教人做人，教人做真、善、美的人。”这是陶行知脍炙人口的传世名言，更是高等教育共同的价值追求。“真、善、美”这三个字，传统而现代、表面纯朴而内涵深远，大学在教育过程中将以求真知、育善德、展美行来创建和谐校园。

1. 真诚

真诚就是真心诚意地表现自己，以坦诚的态度去面对人和事，用最真实的自我去面对世界。

如果我们把生活比作是船，那么真诚就是这船上的帆；如果说生活是无垠的天空，那么真诚就是天空中美丽的雨后彩虹；如果说生活是一块钟表，那么真诚就如钟表上不可缺少的时针，指引你生活的方向；如果生活是一台机器，那么真诚就是机器上的发动机，是你生活前进的动力。

真诚的谈话可以让人有“听君一席话，胜读十年书”的作用，真诚的态度和朋友就像黑暗中的阳光、生活中的向导。无论在何时何地，我们都应该拥有真诚，用真诚的阳光支起一片丽日晴空。每个人的一生既有喜悦、欢乐与追求，也有忧愁、寂寞与失落，然而我们不能只享受晴空丽日的温暖而忘了乌云翻滚的寒流，但是人生有真诚相伴，人生有真诚相陪，我们就可以享受美好的人生。

沉沉的黑夜是白天的前奏。——赫胥黎

当一个人用工作去迎接光明，光明很快就会来照耀他。——冯雪峰

——郭小川

社会犹如一条船，每个人都要有掌舵的准备。——易卜生

过去属于死神，未来属于你自己。——雪莱

世间的活动，缺点虽多，但仍是美好的。——罗丹

2. 善良

人世间最宝贵的是什么？法国作家雨果说得好：“善良是历史中稀有的珍珠，善良的人常常更优于伟大的人。”

中国传统文化历来追求一个“善”字：待人处事，强调心存善良，向善之美；与人交往，讲究与人为善，乐善好施；对己要求，主张独善其身，善心常驻。一位名人说过，对众人而言，唯一的权力是法律；对个人而言，唯一的权力是善良。

善良让世界充满仁爱，让岁月溢满温馨。善良，有时是风雨中悄然为你撑开的一把伞；有时是黑暗中为你倏然点亮的一盏灯。更多的时候，它是危难时毫不犹豫地向你伸出的一双帮扶的手，是在你走投无路时向你坦然敞开的收容的门。

美国作家马克·吐温称，善良是一种人类通用的语言，它可以使聋子“听见”，瞎子“看见”。心存善良之人，善意产生善行。同善良的人接触，可以使智慧得到开启，情操更加高尚，胸怀更加宽阔。与善良的人相处，可以心胸坦荡，不必设防。播种善良，才能收藏希望。一个人可以没有让人称羡的容貌，也可以忍受贫寒困苦的日子，但是离开了善良，就足以让人生搁浅和褪色。多一些善良，多一些谦让，多一些宽容，多一些理解，可以让人们在生活中感到幸福和美好。

善良是一种智慧，善良是一种远见，因为善良，你会得到灵魂的回馈；善良是一种胸怀，因为善良，你会包容周围的一切；善良是一种自信，因为善良，你会让自己永远美丽；善良是一种文化，因为善良，你会让自己变得深邃；善良是一种精神，因为善良，你亮出了做人的品位！

一颗善心，胜似一座庙宇。善良绝不是一件可有可无的华丽的衣裳，而是人人灵魂之盒中必须镶嵌的一颗钻石，在每一个时刻都能熠熠生光。

社会需要善良，社会呼唤善良。应让善良成为一种习惯——习惯地弯腰，随手拾起一张纸,捡起一个垃圾袋，不在乎是谁扔的；习惯地伸手，扶起一块歪斜的指示牌,摆正一张离位的椅子，不在乎是谁弄的；习惯地让座，不会有起身的犹豫，不在意别人的眼光；习惯地跑上前去扶着盲人过马路，习惯地冲上前去与他人共同撑起一把伞，习惯性地伸

出手……

3. 美德

中华民族传统美德是指中国历史流传下来的，具有影响、可以继承、有益于后代的优秀道德遗产。传统美德是中华优秀民族品质、优良民族精神、崇高民族气节、高尚民族情感、良好民族礼仪的总和。

说起孔融，可能妇孺皆知，他是孔子的后裔，汉末山东曲阜人，汉献帝时曾任北海相，被人称为“孔北海”，又是当时有名的文学家，“建安七子”之一。孔融为人刚直敢言，后因触怒丞相曹操而被杀。相传，孔融有五个哥哥，一个小弟弟。孔融四岁的时候，有一天，家里吃梨。一盘梨子放在大家面前，哥哥让弟弟先拿。孔融不挑好的不拣大的，只拿了一个最小的。父亲见了心里很高兴，就故意问孔融：“这么多的梨，又让你先拿，你为什么不拿大的，只拿最小的呢?”孔融回答说：“我年纪小，应该拿个最小的，大的留给哥哥吃。”父亲又问他：“你还有个弟弟哩，弟弟不是比你还要小吗?”孔融说：“我比弟弟大，我是哥哥，我应该把大的留给弟弟吃。”孔融四岁，便知道让梨，上让哥哥，下让弟弟。从此，孔融这种谦虚礼让的美德，受到人们的称颂。后代教育家们又把“孔融让梨”写进启蒙课本《三字经》中，以此教育儿童学会礼貌让人，使这个故事得到更为广泛的流传。

真、善、美是我们人生中需要去追求和实现的道德价值。弘扬真、善、美的人生境界，用真诚、善良的心去面对社会和世界，我们都将会得到一个更加美好的世界。

范畴。——吴玉章

人的一生可能燃烧也可能腐朽，我不能腐朽，我愿意燃烧起来！——奥斯特洛夫斯基

四、 爱心与社会义务

1. 爱心与奉献

爱心与奉献，在我们的社会中随处可见，无偿献血、抗洪救灾、捐款捐物、对贫困山区儿童的资助等，都体现了爱心的意义以及爱心奉献的精髓。所谓“爱心是人的本性”，赠人玫瑰，手留余香，尽自己的一份爱心帮助每一个需要帮助的人，这是爱心存在的原因。

我们需要为爱心而感动。在自己有困难的时候，接受别人的爱心援助，这种温暖是能让我们铭刻在心的。在别人需要帮助的时候，我们也

应该尽力付出，用自己的力量去帮助别人。爱心的奉献，贵在坚持，贵在有种动力在支撑。爱心是星火，星星之火可以燎原。

安徽省灵璧籍博士后张训苏先生，这位福建兴业证券公司研究中心的总经理，自幼家境贫寒，在事业上不断取得成功的同时，也没有忘记家乡的老师和亲人，一直希望能为学习条件艰苦的家乡的孩子们尽一点力。他将自己因工作成绩突出获得的20万元奖金全部捐给了家乡的教育事业，在当地援建了一所希望小学。

厚德载物，自强不息，达者兼善，仁者爱人；每人奉献一片爱心，世界将会阳光灿烂。只要人人都奉献一点爱，世界将变得更美好，我们只是社会的一份子，付出一点爱心，得到更多爱心，是一件让人生非常美好的事情。

同在一片蓝天下，只要你奉献一份真挚的爱心，光辉将洒满人间。真的，一颗火热的心可以融化整个世界，点燃所有的梦想……

2. 社会责任感与社会义务

责任，是一个人对他人和群体所负的利益要求。出海的船长应对船只安全行驶、如期抵达目的港负责，边防哨兵要对警戒的边防线负责，门卫应对人员进出楼院负责，会计应对自己经手的账目负责，厂长经理应对企业的经营状况负责，市长应对城市的建设与发展负责，父母应对自己孩子的成长教育负责，子女应对父母的晚年赡养负责……作为一个心智健全的成年人，最起码的人格就是对自己的“责任”要有明确的认识。每个人的责任意识（也称责任感或责任心），如同婴儿成长为成年人一样，也有一个从稚嫩到成熟的发展过程，由初始的蒙昧无知，通过适当的教化逐渐明晰，逐渐自觉地承担起责任。

由于每个人从降生直到长大成人，一直享用着社会为他提供的生存条件、教育条件和劳动条件，个人必须依赖社会才能生存。所以马克思说“人是社会关系的总和”。社会关系的含义是“指许多人的合作”。个人总是处在不以他们的意志为转移的、具体的社会关系之中，扮演着某种社会角色（譬如工人、农民、士兵），这就使得处在一定社会关系中的人们的行动具有某些共同的轮廓。

生，我所欲也；义，亦我所欲也。二者不可得兼，舍生而取义者也。——孟子

仅次于选择益友，就是选择好书。——考尔德

古今中外，无数仁人志士为了正义的事业，为了民族或人民的利益，不畏艰难险阻，进行坚忍不拔的斗争和探索。忍受贫困、矢志为无产阶级解放指明方向的马克思；在放逐中一心报国，坚决不与奸佞小人同流合污的屈原；写下了“人生自古谁无死，留取丹青照汗青”千古绝唱的文天祥；戴镣长街行，高呼“砍头不要紧，只要主义真，杀了我一个，自有后来人”的夏明翰；视死如归的瞿秋白、吉鸿昌、刘胡兰，还有董存瑞、黄继光、罗盛教；20世纪60年代的雷锋、王杰，90年代的张鸣岐、孔繁森、李润五、郑培民……他们的高尚品质和行为不是生来俱有的，也不是他们一时的心血来潮，而全是基于他们内心强烈的社会责任感。

富有社会责任感的人，会爱人民之所爱，忧国家之所忧，会先天下之所忧，而后天下之所乐。“天下兴亡，匹夫有责”，如果一个人对社会的存亡、盛衰，从内心感到有强烈的责任，就会思考和探索社会发展的正确方向，并调整自己的追求、行动与社会发展趋势相一致。

没有社会责任感，一切高尚品质和情操就都失去了心理基础。人对人的关系只能是“狼与狼”的关系。社会不仅得不到发展，还会失去秩序。连主张“自私是人的本性”的18世纪资产阶级思想家爱尔维修，也强调维护社会利益的重要性。个人的利益不仅要同社会利益相结合，而且要服从社会利益；为了社会利益，即使牺牲个人利益也是符合正义的。

有这样一则故事：一位到美国加州留学的中国学生，租住在一个叫汉瑟的老太太家里，在收拾房间时不小心打碎了见证了汉瑟太太年轻时浪漫爱情的花瓶，他慌忙道歉，汉瑟太太摇头笑说：“没关系，只是不小心而已。”汉瑟太太就去准备晚饭，留他一个人打扫卫生。他拿了扫帚把碎片扫进一个大垃圾袋里，放在门前，心想改天会有工人将它们提走。他刚想休息一会儿，门铃突然响了起来，是汉瑟太太，她四下看了看房间，满意地点了点头。忽然，汉瑟太太问他：“花瓶呢？那个摔碎的花瓶！”留学生指着外面的大垃圾袋说：“在垃圾袋里！”汉瑟太太着急地对他说：“孩子，你必须把那花瓶的碎片重新找出来。”留学生心里泛起一股无奈，但只好照办。汉瑟太太拿了一个厚实的袋子，将花瓶

观众器者为良匠，观众病者为良医。——叶适

人固有一死，或重于泰山，或轻于鸿毛。——司马迁

祸患常积于忽微，而智勇多困于所溺。——欧阳修

碎片一点点拾进袋子里。留学生心里想：老太太该不是想珍藏起来吧？

捡干净之后，汉瑟太太把袋口封住，然后从怀里抽出一支笔，在袋口的空白处写了一行字：有锋利的碎片，请小心！别伤手！祝你好运！

汉瑟太太立起身满脸微笑地说："孩子，这样就可以了。我们得为我们的垃圾负责，如果伤了别人的手多不好啊！"我们的留学生忽然醒悟过来，心中顿时涌起一股巨大的感动与敬意，为她那种深沉而细腻的社会责任感。

一个人对社会的责任感往往见于微小的细节，你对一袋垃圾负责，就是对别人负责，也就是对一个和谐的社会负责。

五、构建和谐的氛围

生命是珍贵之物，死是最大的罪恶。——海涅

使一个人的有限的生命更加有效，也即等于延长了人的生命。——鲁迅

"我们所要建立的社会主义和谐社会，应该是民主法治、公平正义、诚信友爱、充满活力、安定有序、人与自然和谐相处的社会。"可见，和谐社会包括三个方面内容，即人与人之间的和谐、人与社会之间的和谐以及人与自然之间的和谐。

我们要更好地调和各利益主体的关系，使社会关系更加融洽；推进良好社会秩序的建立，形成良好的社会氛围；促进对自然资源的保护，更好地实现当代以及后代人的利益等。只有在实践中采取措施做好人与人的和谐、人与社会的和谐以及人与自然的和谐，才能实现和谐社会的构建。

1. 整体看世界，处理好五方面关系

世界是个整体，由若干个国家组成；国家是个整体，由若干个市县组成；市县是个整体，由若干个村寨组成；村寨是个整体，由若干个家庭组成；家庭是个整体，由若干个人组成……这样看来，一个人在整个世界——地球中又占据着什么位置？更何况整个地球只是太阳系中的一个小小的成员，而太阳系在银河系中又占据着什么位置？而银河系在茫茫的宇宙中又算得了什么？由此看来，一个人在宇宙中何其渺小！人，只有找准自己的位置，才不会忘乎所以，才容易做好自己该做的事情。因此，要想做好自己该做的事情，必须协调处理好以下五个关系：

(1) 协调人与自然的关系。人是自然的产物，要热爱自然。人类只

有爱护自然，保护生态平衡，自然才会赐福于人类。人要经常到大自然中去，体会人与自然的亲密感，关心自然，美化自然，这样，你才会理解人生和幸福的含义，才会生活得快乐。

(2) 协调人与社会的关系。人是构成社会的因素，不能脱离社会。于是，必须正确认识自己所处的时代，以积极乐观的态度来服务社会。我们要把生活的摄影机，对准社会的光明面。人要经常看到光明，才容易上进，有奔头、有希望、有成绩；人一旦做出成绩，他才容易理解与其成绩密切相关的环境，才容易抓住机遇、努力进取，“要多改变自己，少埋怨环境”。

(3) 协调人与职业的关系。人要想做好自己的本职工作，必须热爱自己的职业，把职业当成事业。把平凡的工作看成是宏大事业，去钻研，去努力，去探索。不要见异思迁，不要得过且过。要经常想到自己工作的重要性，自身责任的重大。只有这样，才能静下心来，排除杂念，认真探索做好本职工作的途径与方法，寻找规律，取得成绩。

(4) 协调人与人的关系。人要想做好本职工作，必须处理好人际关系，与他人建立互助的关系。人与人之间必须互相尊重、互相理解、互相帮助、互相谅解。只有经常想着帮助他人的人，才能随时得到他人的帮助；只有常常谅解他人的人，才能容易得到他人的谅解。也只有营造一个互相尊重、互相理解、互相帮助的和谐氛围，才能有精力办好大家的事情，办好自己的事情。说穿了，帮助他人做事，实际上正是为自己做事。

(5) 协调人与自己的关系。处理好人与自己的关系，往往被人们所忽略，或者人们还没有意识到。如果一个人能够处理好与自己的关系，那么，他的一生将是幸福的，有造诣的。人，怎样才能协调处理好与自己的关系呢？

① 解放自我。很多人往往一生也没有做出什么大事来，最重要的一点，就是没有做到自我解放，一生始终处于自我封闭状态。做什么事都前怕狼后怕虎，什么事情也不敢做，也不去做，于是，就不可能做出成绩来。解放自我，就是要高度地相信自己，即使有一线希望，也要锲

懂得生命真谛的人，可以使短促的生命延长。
——西塞罗

有时我想，要是人们把活着的每一天都看作是生命的最后一天该有多好啊！这就更能显出生命的价值。
——海伦·凯勒

而不舍地去追求这一微渺的希望，只要自己有信心，经常强化自己能够成功这一意念，就容易取得成功。爱迪生的发明、居里夫人的科研，哪一位成功者的奠基，不是靠自我解放呢？

② 珍爱自我。人能做到自我的解放之后，还有一点至关重要，那就是珍爱自我。

珍爱自己的人格，不要随波逐流。要时刻用职业道德规范来约束自己，讲究仪表，讲究言行。我们要经常用职业道德这把尺子来衡量自己，不可马虎越格。

珍爱自己的成果，因为一切成果的取得，都是要付出一些代价的。只有珍爱自己的成果，才能证实你付出的代价是必要的。只有经常看到自己的成果，才能不断强化自己的付出，这样经常用成果来激励自己，能够使自己产生不断战胜困难的勇气，从而取得更大的成功。

③ 超越自我。这是处理好人和自我关系的最重要的一环。解放自我、珍爱自我的目的就是要超越自我。超越自我，是人生最大的一件事，要经常提醒自己，是否已胜过昨天，是否已为明天的成功奠定基础。

如果容许我再过一次人生，我愿意重复我的生活。因为，我向来就不后悔过去，不惧怕将来。
——蒙田

只要有勇气，生活就会变得美好。
——佚名

2. 多角度看人生，协调处理好三个关系

人生是多角度的，时间、空间、事件等诸多方面与人发生关系，由人来选择处理，最后走向终点。因此，要想使自己的一生过得充实，对社会有贡献，就必须协调处理好以下几种关系：

(1) 协调人与时间的关系。人的生命是短暂的，必须珍惜时间。人常常是这样的，当他是儿童的时候，总盼自己快快长大；一旦进入小学读书，就会想到，读书太不自由了，不如不上学的时候，想吃什么就吃什么，想玩什么就玩什么，现在要天天上课、写作业，读小学真不好；当他进入中学的时候，他就会想到，中学不好，不如小学好，中学的学科太多，课程太紧，作业量太大，尤其是高中，一点自由的时间都没有；当他步入大学以后，他就又会认为大学不好，生活太单调，还不如中学好，中学时代是人生的花季，有那么多美好的向往，天真烂漫的日子；当步入社会，走上工作岗位之后，他又会想，上班太没意思了，还要听从领导的支配，受八个小时的约束，哪比得上在大学读书啊！人就

是这样：青年认为少年好，中年认为青年好，老年认为中年好，结果一生都没有经历过好的时候。那么，人的一生究竟什么时候最好呢？实际上就是你现在最好，因为你不可能再回到昨天。你只有珍爱现在，有效地利用现在，才能使你有所作为，不虚度年华。

(2) 协调人与空间的关系。有些人，不能愉快地度过人生，或者一生也做不成几件事情，这与他不能很好地处理自己与空间的关系有关。候鸟之所以随着季节的变化而南北迁徙，是因为它要选择适合于自身生存的空间。人又何尝不是如此？当他在步入社会之前，就首先选择了自己的职业；当他在走上工作岗位之前，就尽量选择自己即将工作的单位；当他在还没有居住的场所之前，就设法选择他将居住的处所，这都是因为人们早已知道生活的空间将对人产生不可低估的影响。然而，却有些人一味地追求空间的选择，忽视了自我素质的提高，也使他经常埋怨环境，感到怀才不遇。你已经付出努力，却没有能实现自己的愿望，那么你就应该静下心来，赶紧抓住现在，真心地爱你生活的空间，尽快适应你所生活的空间，这样，才会对你有好处。“只有热爱，才有奉献”，要爱家乡、爱岗位、爱家庭，爱一切自己生活的空间。然后尽量利用空间的有利条件，充实自我，发展自我，奉献自我。也只有这样，我们才能做好自己的工作。自己有了成绩，对社会才有贡献，才会生活得快乐，才会生活得有意义。

(3) 协调人与事件的关系。人要想做出成绩，对社会有贡献，很重要的一个环节，就是要处理好人与事件的关系。不要被事情牵着走，所要做的事情都在掌控之中。要考虑事件的主从与缓急，而不是考虑事件对自己的利弊或办事人与自己情感的亲疏。必做的事情分早晚，可早做的早做，可晚做的晚做；可让他人代做的，由他人代做；可做可不做的事情，不做。

3. 全面看自我

要全面地看待自己，既要看到自己的长处，又要看到自己的不足。人最重要的是要发现自己的长处。要尽快发展自己的长处，扩大自己的影响，这样对自己的发展有好处。人还要了解自己的不足，承认自己的

就是上帝。在有生命的时候，就有那种感知神灵的快乐。爱生命就是爱上帝。最困难而又最幸福的事，就是在自己遭受痛苦时，在遭受无辜的痛苦时，爱这个生命。

——列夫·托尔斯泰

短处，但不要把过多的时间和精力用在补短上，因为人的生命是有限的。要把时间和精力用在扬长上，这样，才能对社会有更大的贡献。

第三节　做事的基本要领

做事的基本要领主要有以下几步：一要认识自我；二有奋斗目标；三要立即行动；四是习惯决定命运；五要注重细节。

一、认识自我

传说，在希腊中部帕尔那索斯山上的阿波罗神庙的门楣上有一句“人啊，认识你自己吧！”的箴言。数千年来，它如黄钟大吕，穿越时空，一直在给人类以理性的昭示和警醒。“认识自己”被刻在神庙的门楣上，似乎包含阿波罗对人类的全部教导。

其实，真正地了解自己、认识自己是很困难的，就连古希腊哲学家亚里士多德都说过：“对自己的了解不仅仅是最困难的事情，而且也是最为残酷的事情。人，这个奇怪的生灵总是在企图永远逃避现实！”一个人的时间和精力都有限，我们不可能把所有的生活都体验一遍，然后再挑选一个最适合自己的位置。我们一定要在尽可能短的时间内找到最适合自己的位置，充分地发挥自己的才能。伟大的人物之所以成功的秘诀就在于认识自己，并以此为出发点，最大限度地寻找自己的最佳人生位置，设计和塑造自己。

“尺有所短，寸有所长”，每个人都有别人无法比拟的长处，也有自我难以克服的缺点，自我认知，是对自己深层次的剖析，它能帮助自己了解自己能力的大小、明确自己的优势和劣势，根据过去的经验选择，推断未来可能的工作方向，从而彻底解决“我能干什么”的问题。

二、有奋斗目标

高尔基说：“目标愈高远，人的进步愈大。”拿破仑·希尔在《思考与致富》一书中写道：“一个人做什么事情都要有一个明确的目标，有了明确的目标便会有奋斗的方向。”

这样一个常识性的问题看起来简单，但是具体落实到某一个人头

没有伟大的品格，就没有伟大的人，甚至也没有伟大的艺术家，伟大的行动者。

——罗曼·罗兰

真理和美德是艺术的两个密友。你要当作家，当评论家吗？请先做

上，可能就不那么容易了。聪明的人，有理想、有追求、有上进心的人，一定都有一个明确的奋斗目标，他懂得自己活着是为了什么。因而他所有的努力，从整体上来说都能围绕一个比较长远的目标进行，他知道自己怎样做是正确的、有用的，否则就是做了无用功，或者浪费了时间和生命。

许多人怀着羡慕、嫉妒的心情看待那些取得成功的人，总认为他们取得成功的原因是有外力相助，于是感叹自己的运气不好。殊不知，成功者取得成功的原因之一，就是确立了明确的目标。

那么，该怎么制定合适的目标呢?

(1) 目标应该是明确的。有些人也有自己奋斗的目标，但是他的目标是模糊的、泛泛的、不具体的，因而也是难以把握的，这样的目标同没有差不多。比如，一个人在青少年时期确定了要做一个科学家的目标，这样的目标就不是很明确。因为科学的门类很多，究竟要做哪一个学科的科学家，确定目标的人并不是很清楚，因而也就难以把握。

(2) 目标应该是实际的。一个人确立奋斗的目标，一定要根据自己的实际情况来确定，要能够发挥自己的长处。

(3) 目标应该是专一的。一个人在某一个时期或一生中一般只能确立一个主要目标，目标过多会使人无所适从，应接不暇，忙于应付。

(4) 目标应该是特定的。目标应该确定在一个具体的点上。如同用放大镜聚集阳光使一张纸燃烧，要把焦距对准纸片才能点燃。如果不停地移动放大镜，或者对不准焦距，都不能使纸片燃烧。

(5) 目标应该是长期的。一个人要取得巨大的成功，就要确立长期的目标，要有长期作战的思想和心理准备。

三、立即行动

确定了自己的目标之后，不管是短期的工作、学习目标，还是长远的人生目标，都要立即行动起来。世界上有许多事情，看起来高不可攀，但做起来并没有想象的那么困难，这里的关键问题就是“动”，还是“不动”。不动，自身的能量开发就几乎等于零；动起来，能量就会随着事态的发展而不断迸发出来，以至势不可挡。

真正积极的人只能是会爱别人的人，高尚的人。——车尔尼雪夫斯基

感情有着极大的鼓舞力量，因此，它是一切道德行为的重要前提。——凯洛夫

把『德性』教给你们的孩子：使人幸福的是德性而非金钱。这是我的经验之谈。在患难中支持我的是道德，使我不曾自杀的，除了艺术以外也是道德。——贝多芬

歌德说："把握住现在的瞬间，从现在开始做起。只有勇敢的人身上才会赋有天才、能力和魅力。因此，只要坚持做下去就行，在实干的过程当中，你的心态会越来越成熟。有了开始，不久之后你的工作就可以顺利完成了。"

一个勤奋的艺术家为了不让任何一个想法溜掉，当他产生新的灵感时，会立即把它记下来，比如记在身边的某张纸上，或是衣服上。因此，一个优秀的执行者应具有马上行动的习惯，就像艺术家随时记录自己的灵感一样自然。其实细想一下，我们追求成功又何尝不应当如此呢？对于生活，对于人生，我们都有许多想法，迟迟没有付诸行动，结果多少光阴过去，却只能停留在计划中。我们因为缺乏当机立断的决心，错过了很多很多，只能悔恨终生。

有句话说："闻道者百，悟道者十，行道者一。"意思是说，许多人都听说过的道理，未必都懂得；懂得了道理，未必能很快地付诸行动。这也告诉我们，懂得道理容易，付诸行动却很难，及时行动起来才是难能可贵的。不及时行动，怎么可能会有结果呢？每一个成功者都是行动家，不是空想家；每一个赚钱的人都是实践派，不是理论派。

生活有一条法则，有些事你要做随时可以做，有些事你一生也许只会有一次做的机会。要是你希望做这件事，你必须迅速抓住那个机会，否则良机一去不复返。在我们的一生中，没有人会为你等待，没有机遇会为你停留，成功也需要速度。带着积极的心态，及时抓住机会，不断进取，不停拼搏，才有可能获得成功。行动的人改变世界，及时行动的人才容易获得成功。

古人云："激水之疾，至于漂石者，势也。"速度决定了石头能否在水上漂起来。同样，要想拥有成功，就需要赋予人生足够的速度，及时行动。这是成功者的姿态，也是胜利者的姿态。

四、习惯决定命运

习惯就是人的行为倾向。也就是说，习惯一定是行为，而且是稳定的，甚至是自动化的行为。用心理学的话来说，习惯是刺激与反应之间

的稳固链接。坏习惯是一种藏不住的缺点，别人都看得见，他自己看不见，因为习惯就是一种自动化的行为，潜意识表现的行为，并不一定是他自己希望的行为。我们每个人身上一定有很多好的习惯，也一定有些不好的习惯。

习惯对我们的生活有重大的影响，因为它是一贯的。在不知不觉中，经年累月地影响着我们的品德，暴露出我们的本性，左右着我们的成败。

我们中华民族，在历史上有很多培养习惯的好思想、好方法、好规范。在习惯的培养当中，我们必须重视、继承这些优良传统。

孔子说："少成若天性，习惯如自然。"

墨子说："染于苍则苍，染于黄则黄。故染不可不慎也。"

宋代大教育家朱熹为培养儿童好的习惯，专门写了《童蒙须知》。这里摘录一段，看看关于生活习惯他是怎么说的："大抵为人，先要身体端正。自冠巾、衣服、鞋袜，皆须收拾爱护，常令洁净整齐"；"凡脱衣服，必整齐折叠箧（即小箱子）中。勿令散乱顿放，则不为尘埃杂秽所污，仍易于寻取，不致散失。著衣既久，则不免垢腻，须要勤勤洗浣。破绽，则补缀之"；"凡为人子弟，当洒扫居处之地，拂拭几案，当令洁净。文字笔砚，百凡器用，皆当严肃整齐，顿放有常处。取用既毕，复置元所。"朱熹是写给儿童的，我们都做到了吗？

现代的教育专家经过反复论证，确立了人格化习惯的三大原则和12个指标。即：

(1) 做人：真诚待人、诚实守信、认真负责、自信自强；

(2) 做事：遵守规则、讲究效率、友善合作、合理消费；

(3) 学习：主动学习、独立思考、学用结合、总结反思。

这值得我们在学习、生活和工作中去感受、体验、学习、提升。思想决定行动，行动决定习惯，习惯决定品德，品德决定命运。

五、注重细节

老子曾说："天下难事，必做于易；天下大事，必做于细"，所谓"泰山不拒细壤，故能成其高；江海不择细流，故能就其深"。这精辟地指

人在智慧上应当是明朗的，道德上应该是清白的，身体上应该是清洁的。
——契诃夫

不管时代的潮流和社会的风尚怎样，人总可以凭着自己高贵的品质，超脱时代和社会，走自己正确的道路。
——爱因斯坦

出了想成就一番事业，必须从简单的事情做起，从细微之处入手的道理。

天下有大事吗？美国太空3号快到月球了，它却不能登上去而是无奈地返了回来，为什么？只是因为一节小电池坏了！一个人的死，哪个是全身溃烂死掉的？都是因为一个个小器官不正常而死掉。

在西方，流传着一首民谣：丢失一个钉子，坏了一只蹄铁；坏了一只蹄铁，折了一匹战马；折了一匹战马，伤了一位骑士；伤了一位骑士，输了一场战斗；输了一场战斗，亡了一个帝国。

马蹄铁上一个钉子是否会丢失，只是初始条件的十分微小的变化，但其“长期”效应却是一个帝国存与亡的根本差别。

前日本邮政大臣野田圣子，既是当时日本内阁中最年轻的阁员，也是唯一一位女性大臣。然而有谁能想象得到，她的事业起点却是从刷厕所这件小事开始的。野田圣子的第一份工作是在帝国酒店当白领丽人，在受训期间负责清洁厕所，每天都要把马桶抹得光洁如新才算合格。可是她从未做过如此粗重的工作，第一天伸手触及马桶的一刻几乎呕吐。有一天，一名与圣子一起工作的前辈，在清洁马桶后，居然伸手从马桶中盛了满满一杯水，并在她面前一饮而尽，以向她证明经他清洁过的马桶干净得连水也可以饮用。野田圣子震惊了，于是暗下决心：“就算一辈子刷厕所，也要做个刷厕所最出色的人。”结果在训练课程的最后一天，当她清洁马桶之后，毅然喝下了一杯马桶里的水。这次经历成为她日后做事的精神力量源泉。

成也细节、败也细节。对于细节决定成败的道理，从古至今都有许多寓意深刻的诠释。在中国，想做大事的人很多，但愿意把小事做细的人很少；我们不缺少雄韬伟略的战略家，缺少的是精益求精的执行者；绝不缺少各类管理规章制度，缺少的是对规章条款不折不扣的执行。

我们必须改变心浮气躁、浅尝辄止的毛病，提倡注重细节、把小事做细，从我做起，从小事做起。

对于事实问题的健全的判断是一切德行的真正基础。——夸美纽斯

慎而思之，勤而行之。——白居易

教育的唯一工作与全部工作可以总结在这一概念之中——道德。——赫尔巴特

第四节　大学生的核心能力

一、核心能力的概念

一个人的事业成功，15%是由他的智商决定的，85%是由他的情商决定的。智商决定一个人具有多少心理能量，情商决定一个人能够释放多少心理能量。因此，一个人仅仅注重提高智商，在大学里仅仅努力学习专业知识，是不够的。还要注重情商的提高，注重能力的培养。情商是指个人对情绪情感的认知、表达、控制、调适、运用和移情等多方面的能力。它在现实生活中影响到智商的发挥、决策的做出、社会交往与合作、对挫折的承受以及身心健康。所以，大学生应当在与之相对应的方面加强能力的锻炼。

能力是与顺利完成某种活动有关的心理特征，能力的发展是在掌握和运用知识的过程中完成的，离开学习和训练，什么事情都不做的人，他的能力是得不到发展的。同时，能力在一定程度上决定着一个人在知识的掌握上可能取得的成就。因此，在大学里搞好专业知识学习的同时，千万不要忽视能力的锻炼。

总结大学生的核心能力，大概有以下六个方面：学习创新能力、解决问题的能力、勇于担当的能力、沟通协调能力、压力承受能力、社会适应能力。

二、培养大学生核心能力的办法

大学是人生的重要阶段，也是一个让人展示自己、锻炼自己、使人成长的最佳舞台。既然我们已经有了这么好的一个平台，那我们就要好好把握机会，从各方面来拓展自己，成为一个对社会有用的人。

1. 培养学习创新能力

学习创新能力是指在学习中能够对某一问题提供新颖而具有社会意义的解决办法的能力。它是与创造性思维紧密联系的，而创造性思维是指人们重新组织已有的知识经验，运用新的方法、程序创造出新颖、独

精神上的道德力量发挥了它的潜能，……是我们的爱国热情和正义感在现实中均得以施展其威力和作用。——黑格尔

装饰对于德行也同样是格格不入的，因为德行是灵魂的力量和生气。——卢梭

特的有个人或社会价值意义的思维产品的过程。大学生一定要在平时的学习中注重培养创新能力。

(1) 跟随老师参加课题研究。这种方法需要你从基础工作做起，不能过多地计较得失，有时候你会觉得长进不大，难以坚持。选择课题的时候，挑选好的老师非常重要。

(2) 参加系里或者校园举办的论文比赛、发明比赛等。这样的比赛需要你进行深入的学习，查阅大量资料，拜访相关人士，对于自己已经有的知识进行再思考和再加工，这对你的能力培养是非常有益的。你需要尽可能地参与，不要太在意成败。

(3) 长期积累一个领域的相关资料，并撰写文章。积累是学习创新的基本环节，如果你对某类知识非常感兴趣，比如人工智能，你就可以把你看到的全部文章都收集起来，分类、标注；当积累到一定阶段的时候，你就可以在此基础上写文章，可以投稿，也可以和相关的专家交流。你需要坚持下去。

(4) 参加社会实践活动，从实践之中观察并总结。其实从书本之中学习多少有点枯燥，有些同学甚至不知道学习是为了什么，在实践之中学习，知识变得更加鲜活，学习也有了方向和动力，最好是参加和专业有关的实践活动。

(5) 向校园有创新能力的同学和老师学习，或者直接向社会上比较成功的人请教。这是掌握学习方法的一个捷径。尽管有些同学有些畏惧，但是只要做些准备，就可以找到接近他们和向他们学习的机会。

养成他们有耐劳作的体力，纯洁高尚的道德，广博自由能容纳新潮流的精神，也就是能在世界新潮流中游泳，不被淹没的力量。

——鲁迅

应该笑着面对生活，不管一切如何。

——伏契克

2. 培养解决问题的能力

(1) 尝试多角度思考问题。不论是生活小事，还是重大决策，你都需要从各个角度去看问题，比如你要申请办一份校园报纸，你应该怎么办呢？你至少要从四个方面思考这个问题，即整体校园文化的宗旨、直接报批单位的批准程序、这份报纸本身的特色和准备情况、自己做事的优点和弱点等。这样做的目的是使问题的解决更加周全，可以从容应对可能的风险，并可以检验自己想法的可行性。

(2) 尽量在实践之中检验自己的想法。只有行动才可以发现问题所在，继而找到自己在解决问题之中的不足。这种活动包括学习活动和社会活动两种，你需要克服同学之中经常存在的“说得多，做得少”的毛病，尽可能地落实自己的想法，检验自己想法的可行性。

(3) 总结别人成功的经验和失败的教训。解决问题的能力的一个重要部分是个人善于借鉴他人所长和所短来更好地做事。很多同学只是停留在在别人成败的基础上发表议论，而没有认真地总结别人的经验或教训。其实分析他人的奋斗过程往往是自己提高的一个最好的过程，当然你需要了解实质的内容，比如他们的想法、态度、曾经做过的准备、做事方式和受到的干扰等。

(4) 在小事之中反复提高自己解决问题的能力。有些事情虽小但是不一定解决得好，而且有时我们对小事长期采用老套的办法，不能有效地提高自己解决问题的效率。比如做笔记，很多同学会用心地去做详细笔录，很少有同学会考虑笔记的内容如何查找方便的问题。有计算机的同学也没有充分利用自己的电脑帮助自己做便于总结和便于记忆的笔记。提高自己的能力不一定通过大事来实现，能够抓住每一个解决小事的机会来提高自己的能力是最实在的。

美德有如名香，经燃烧或压榨而其香愈烈，盖幸运最能显露恶德而厄运最能显露美德也。——培根

生命不仅可以用年月计算，有时事件也是最好的日历。——狄斯累利

3. 增强勇于担当的能力

(1) 从内心找到自己做事的动力。刚刚到学校的时候，很多学生会因为对很多的事情好奇，敢于尝试，可是慢慢地新鲜感就减少了，自己也没有动力了。可见来自外部的吸引力保持的时间并不长，真正持久的是内在的动力，这种动力需要从你的理想、兴趣、性格、家人和朋友之中寻找，然后给自己确定合适的目标，在奋斗之中不断从书中、他人那里汲取营养，让自己产生主动性和积极性。

(2) 信守承诺，不轻易放弃。这是培养责任感的重要方法。责任感在一个人遇到很多阻力的时候表现得最为明显。不少学生是答应了却不去做，或者做事的时候质量上大打折扣，有的半途而废，这都是非常不好的现象。你需要通过点滴的事情来培养责任感，当然你也不要因碍于面子而许下太多的承诺。

(3) 勇于为自己的行为和情绪负责。责任感的一个衡量因素是为自

己负责，比如做事失败了，你能否勇敢地总结经验教训，并想好下一步的行动，而不是归因于外部干扰；遇到烦恼的事情，你是否是主动找别人诉说、寻求解决的方法而不是抽烟、喝酒，自我折磨，学会对自己负责是一种很重要的本事。

(4) 承担社会实践工作，尤其是比较重要的工作。就业单位的面试经常问到一个问题，就是让你讲一下你大学期间比较难忘的一次成功经历，当时你遇到哪些困难？你都做了什么？具体的情形是怎么样的？通过这些问题，用人单位可以考察你在做事过程之中的主动性和责任感。我们在学校之中不仅要经历很多事情，更重要的是在这些事情中锻炼自己的能力和品质。

4. 提高沟通协调能力

(1) 和宿舍室友建立良好的关系。同宿舍室友最容易出现摩擦，也就最需要不断进行沟通和协调。未来就业的时候，协调沟通能力大多通过和身边的同事关系体现出来。

(2) 和教师、专家进行沟通。我们之中有不少同学不会和“权威”沟通，未来也将不会和领导沟通，我们需要尝试与教师、专家进行沟通，需要掌握沟通的原则、沟通的方法，还要树立敢于沟通的勇气。

(3) 在社会实践中和不同的同学进行沟通。在社会实践中，总会遇到不同人的不同的想法和做法，有的甚至扰乱了你的计划，这需要我们不断地和其他同学沟通、协调，使大家齐心协力，排除干扰，这是非常重要的做法。

(4) 承担一定的职责后进行协调工作。只有承担一定职责之后才会遇到方方面面的关系，来自同学的、朋友的、学校的、其他组织的、自己的，这时候一个重要的任务是协调这些关系。通常状态下，衡量你的成绩不是看你个人做了什么，而是为这个集体做了什么。

5. 提高压力承受能力

(1) 锻炼耐力。过去的教育总是告诉我们学什么、做什么，很少告诉我们忍耐什么。事实上，很多人能够痛痛快快地做些事情，但是不一定会忍受寂寞、忍受压力、忍受人与人之间的内耗、忍受暂时的失败，

辱，莫大于不知耻。——王通

革命道德不是从天上掉下来的。它是从日常的坚持不懈的斗争和锻炼中发展和巩固起来的，正如玉石越磨越亮，黄金越炼越纯一样。

而这就是就业中需要的一种能力。

(2) 主动承担社会工作带来的压力。压力也是外因和内因共同作用的结果，即：压力来源＋ （人格、资源、技能、价值观、认知）=压力，也就是说，压力产生什么样的作用，取决于你怎么看待压力，如果你能够积极地承担压力，那么你就会找到真正缓解压力的方法。

(3) 管理自己的时间。控制压力的方法是在你控制的速度下做你喜欢的事情；分清重要和紧急；不要逃避问题；预留时间，以免因为不可预料或者预期之中的事情突然降临，造成措手不及。

(4) 学习一些调节压力的小技巧。如做一些轻松有趣的事情，进行心理放松训练、制订计划时给自己留有余地，设定合适的目标，注意授权，学习说“不”等。

6. 提高社会适应能力

社会适应能力，是人的一种综合性心理特征，指的是一个人在心理上适应社会生活和社会环境的能力。社会适应性的高低，从某种意义上说，表明了一个人的成熟度。它与人的能力有关，但更与人的个性特征有关，它反映人对周围环境的适应能力。社会适应性强的人，在遇到各种复杂、困难、紧急、令人害怕或危险的情况时，仍能泰然处之，有效地发挥自己的原有的能力，甚至超常发挥。而那些适应性差的人，一旦遇到特殊情况，如考试、比赛、上台发言、重要活动等，就容易惊慌失措，不知如何是好，表现失常。了解自己的社会适应性，有助于更好地培养自己的适应能力。

(1) 多关注环境中有利的一面。你需要很快地发现一个人、环境的优点，这样你才可能去接近、去适应。我们之中的一些同学总是能够敏锐地发现问题和缺陷，继而开始埋怨和排斥，这种习惯非常不利于个人对环境的适应。

(2) 多和适应能力强的人交流。学习这些适应能力强的人的态度、习惯和方法，这样可以帮助你明白其中的“奥秘”。

(3) 多行动，少空想。烦恼是越想越多，你越是旁观，你越是难以忍受，但是，如果你加入了行动者的行列，你会发现这个环境其实也没有

我们有无产阶级道德，我们应该发展它，巩固它，并且以这种无产阶级道德教育未来的一代。

——加里宁

那些背叛同伴的人，常常不知不觉地把自己也一起灭亡了。

——《伊索寓言》

那么糟糕，行动是我们最需要进行的，而且学校往往会提供很多的机会。

(4) 合理确定自己的期望和目标。这是提高社会适应能力的一个高级步骤，衡量自己的能力和资源之后设定适合自己的人生目标，诚实地自我分析哪些是可能达到的目标，或者为了达到这个目标，个人必须要做哪些改变。这样你毕业的时候就不会因为环境不如意而难以施展自己的才华。

以上是培养大学生核心能力的一些思路和方法，需要提醒的是，要坚持自己培养能力的决定，校园之中有很多的机会，也会有很多的干扰，不论你的同学是否和你一起行动，不论别人是否能够理解你的做法，也不论你的校园环境多么地不顺利，坚持是你成长和发展的法宝。

要留心，即使当你独自一人时，也不要说坏话或做坏事，而要学得在你自己面前比在别人面前更知耻。——德谟克利特

静以修身，俭以养德。——诸葛亮

第四章 学会审美

美学是从人对现实的审美关系出发，以艺术作为主要对象，研究美、丑、崇高等审美范畴、人的审美意识、美感经验以及美的创造发展及其规律的科学。美学是以对美的本质及其意义的研究为主题的学科。有人认为学习美学很枯燥，其实是不懂得如何去欣赏美学，从而获得一种心灵上的“美感”享受。

美感是人对客观事物的外在美或内在美的特征的一种情感体验。它是由具有一定审美观点的人对外在客观存在事物的美的特征进行评价时产生的一种肯定、满意、愉悦、爱慕的情感。美感体验有两个鲜明的特点：

(1) 对审美对象的感性面貌特点，如线条、颜色、音韵、谐调、鲜艳、匀称等的感知，是产生美感的基础。

(2) 对审美对象的感知和力量。美感是人对审美对象的一种主观态度，是审美对象是否满足主体需要的反映。审美就是对美与丑进行鉴赏，只有通过认识、评价、鉴赏活动，才可能产生美感。由于每个人的审美需要、观点、标准、能力和文化背景不同，因而对同一对象的美感体验也不相同，不仅对美与丑的评价、鉴赏能引起人的美感，而且对善与恶的评价也会影响人的审美感受与体验。

审美是一种人类精神活动，是一种给活动主体以丰富而复杂的心理感受的精神活动，并且还是一种通过这些主体的心理感受而获得其意义的活动。因而研究审美，首先应该研究的就是人类在这种特殊的精神活动中获得的各种各样的心理感受，人们将这种感受称为“美感”。

如果迫使人进入社会的是需要，在人心里培植社会原则的是理性，赋予人以社会性格的却只有美。只有审美的趣味才能导致社会的和谐，因为它在个体身上奠定和谐。

——席勒

目之于色也，有同美焉。

——孟子

第一节　学会审美的现实意义

学会审美的现实意义在于实现人类自身的美化，将提高大学生的审美能力和陶冶大学生的情操，培养大学生的审美能力，继而获得审美鉴赏能力、审美创造能力，塑造完美的人格素养。

美是人类欲望的源泉，美学是维持这种欲望的动力。建立审美观，培养审美能力,可以提升大学生的审美品位，使他们学会感受美和创造美。审美活动也就是审美。在现实生活中，审美现象是无处不在、无时不有的。审美的活动、审美的文化、审美的现象，可能到处都有，甚至可以说，在日常生活中，我们每天都不可能离开这些审美的活动和氛围。我们可以感受的第一个审美对象就是自然美，就是对自然界的审美。随着人类文化的进步，越来越多的自然界的事和物进入了我们审美的视野。我们大学生之所以要学习美学，学会感受美，培养审美情操，主要是因为世界上存在着许多的事和物，需要我们去取舍，从而找到适合我们需要的那部分，即美的事物。法国著名雕塑家罗丹说过：“生活中从不缺少美，而是缺少发现美的眼睛。”

对于我们当代大学生来说，提高审美能力有着更重要的意义。审美能力在很大程度上取决于这个人的生活方式，包括他的价值观、兴趣爱好、家庭理念。这些都是可以后天培养的。具有审美能力的人对于制作和欣赏艺术作品会有更多的见解、更深的领会和更好的想象。具有审美能力的人对生活的态度应该是积极的，因为他们看待生活的时候能有更有趣的角度，对生活中的琐碎也有平和的态度，此时人将变得更加平静，摆脱了很多不必要的烦恼和抱怨。比如我们在遭遇痛苦时就要想到应化悲痛为力量，换一个角度来审视人生的挫折和痛苦，将这些人生历练作为一种难得的财富加以咀嚼和收藏，则能够在人生的风浪中变得成熟，或许这样的人生才算是真正的有意义的人生，能够真正做到这些的人才算真正活过。审美的最高境界就在这里。

美学理论可以指导人们的审美活动，通过这种指导，使人们的审美

人在为自己的审美观辩护时，是容易动感情的。
——爱默生

若要把感性的人变成理性的人，唯一的路径是先使他成为审美的人。
——席勒

从一种朴实的、自发的活动上升到一种主动的、自觉的活动。审美是一种超越性、综合性的教育。审美具有形式化、动情化的教育特性，其目标是培养和发展受教育者的感性能力，包括感受力、鉴赏力、想象力、创造力等，培养健全高尚的人格，塑造完美理想的人性，以最终实现人与自然、人与社会及人与人自身感性和理性和谐的终极追求。审美强调的是主体的主动参与和全身心的投入，让你体验美好、体验成功、体验快乐、体验崇高，在潜移默化中提升对美的感受力、鉴赏力、创造力及自我完善的能力，不让“美丽”悄悄溜走。

第二节 培养自己的审美能力

一般地说，精确的审美趣味在于能在许多毛病中发现出一点美，和在许多美中发现出一点毛病的那种敏捷的感觉。

——伏尔泰

一个人自有一个人的审美观。

——蒙田

一、注重自己的外在形象

外在形象集中反映出一个人的品位、素质和修养。因为你在面对他人时，首先展现的就是外在的形象，也就是所谓的第一印象很重要。外在形象体现在各个方面，如妆容、衣着、谈吐及各种细小的动作等。每一个方面都可以反映出你的审美水平。在适当的场合选择适当的妆容和衣着是一门大学问。现在出现了一种新型职业，就是帮顾客在不同场合选择不同衣着搭配和色彩搭配的职业，即形象顾问和色彩顾问。这两种新兴的职业在中国目前还不是很多，但是从他们的各种顾客的需要来看，职业前途非常好。因为越是高层人士，对于他们来说，在出席各种场合时形象越是重要。世界卫生组织新掌门人——陈冯富珍格外注重自己的衣着。在接受《环球》杂志的记者采访时，当记者问及：为什么每次见到她，她的衣着都是非常得体，温婉端庄又不失强悍。她的回答是每次都要花费很长的时间来设计和搭配自己的着装，有时甚至根据出席场合的需要请设计师专门设计。如此重视自己的外在形象，体现出陈冯富珍良好的修养和较高的审美水平。

谈吐、各种细小的动作也能体现出外在形象。外在形象的提升，不是一个简单的问题。也许很多人都认为那根本不会影响什么，认为自己只要有真才实学就好，其实不然。外在形象的提升是提高审美能力的第一步。大学生大部分时间生活在校园里，每天交往的对象都是自己的同学和老师。所以，对外在形象的要求并不是非常苛刻，但是必要的礼貌还是应该认真对待。与同学交往应注意分寸，与老师交流应注意礼貌，与社会上的人员交往要时刻记住自己的大学生身份，这些都是一名大学生所必须具备的素质，也将充分体现出大学生的审美水平和能力。

二、提高自己的内在修养

审美不仅仅停留在外在形象上，内在的东西更重要——高层次上的审美，即着重审人性之美。道德、思想、修养、品质等内在的东西，更能反映出审美能力、水平以及审美层次。人类的高尚品质、高贵精神、纯洁思想及悲悯情怀才是美的核心和精髓。勇敢、正直、善良、坚强、宽容、爱心等一系列的美德，才是人类应该追求的，才是世界上最美的。内在的修养若缺少了这些，无论外表多么光鲜、得体，形象多么完美，都不是美的。为什么“中国最美的女导游”这一称号不是给那些拥有美丽外表的女孩，而是给了在生死关头舍生救助游客的女孩呢？美是用内在的东西来衡量的，而不是外表。

作为大学生，自己的内在修养必须不断提高。我们需要不断叩问自己的心灵，不断提高自己的审美情趣。学习必先学做人，作为将来的高级人才，如果没有基本的美德，没有基本的审美能力，不能分清善恶、是非、美丑，那将是何等恐怖的一件事情啊！

我自己虽然不是画家，没有亲手产生出美的力量，我却有审美的感觉、审美的理智，所以我才感觉到在我外面的美。
——费尔巴哈

审美的感官需要文化修养……借助修养才能了解美，发现美。
——黑格尔

三、优化自己的学习内容

大学生有很多自主的学习时间，优化学习内容对提高审美能力有非常重要的作用。歌剧、戏曲、舞蹈、音乐、绘画、文学等艺术形式对美的追求从来都是孜孜不倦的，经常接触、欣赏和学习这些对提高大学生的审美能力有着潜移默化的作用。

阅读和欣赏优秀的文学作品,能给大学生带来一种审美的愉悦和令人心动的美丽。通过对文学作品的鉴赏,能培养大学生敏锐的感知力、丰富而活跃的想象力及深刻的理解力。

艺术是对人的微观行为的指引和情感世界的包容，它对大学生的成长和精神素质的塑造,都起着潜移默化的促进和补充作用。学校开设的一些小说、戏剧、诗歌等文艺作品欣赏课，音乐、绘画欣赏课以及丰富的学生艺术社团活动，大学生都应该积极参加，积极欣赏和体悟。与此同时，大学生也要多读《人民画报》、《读者欣赏》、《摄影世界》、《三联生活周刊》等杂志，利用多种审美通道开发自己的艺术潜能。多欣赏一些高雅艺术，如名家书法、绘画、音乐作品；充分利用各种美育资源，从校内扩展到校外，扩大到整个社会,如美术馆、音乐厅、博物馆以及自然风光、名胜古迹、历史文物、人文景观等，这都是大学生提高审美能力和水平的好去处。这些地方能使大学生了解我国优秀的民族艺术文化传统和外国的优秀艺术成果,培养大学生感受美、鉴赏美的能力,培养健康高尚的审美情趣，树立正确的审美观念,抵制不良文化的影响,促进大学生全面发展。

总之，审美能力对于当代大学生起着举足轻重的作用，树立正确的审美观，培养良好的审美情趣，才能够彰显大学生的青春活力，才能够建设和谐的大学校园。

第三节 追求完美的人生境界

追求审美的人生，就是追求诗意的人生、创造的人生、爱的人生。人们在追求审美的人生的过程中，不断地拓宽自己的胸襟、提升自己的人生境界，最后达到最高的人生境界，也就是审美的境界。

境界不同，人生感悟千差万别。“境界”就是经常讲的人生境界或者精神境界，是浓缩一个人的过去、现在、未来而形成的精神世界的整体。一个人的境界就是一个人的人生意义和价值。

人生境界是中国传统哲学中十分重要的问题。我国当代哲学家冯友兰先生认为：人生境界学说是中国传统哲学中最有价值的内容。冯先生在他的很多著作中，对人生境界问题进行了详细讨论。冯先生说，从表面上看，世界上的人是共有一个世界的，但是实际上每个人的世界并不相同，因为世界对每个人的意义并不相同。人和动物不同，人在做某一件事情的时候可以明确知道自己在做某一件事，这是人和动物不同的地

人们在自觉的、有目的的生产劳动与社会活动的基础上，也逐渐获得了从事自觉的、有目的的审美的活动，即从事审美创造与发展的能力。
——波斯彼洛夫

方，就是人的生活是一种有“觉解”的生活。

不同的人可以做相同的事，但是根据不同程度的理解，这件事对于他们可以有不同的意义。冯友兰举例说：两个人同去游一座名山，一个是地质学家，他在山里面看到的是某种地质构造；另外一个是历史学家，他看到的是某些历史遗迹。因此，同样是一座山，对这两个人的意义是不同的。

北大哲学系的张世英先生用王阳明说的“人心一点灵明”来说明人生境界。人和动物不同就在于人有这一点灵明，正是这点灵明，照亮了人生活的世界，于是，世界有了意义，境界就是一个人的灵明所照亮的有意义的世界。

张先生对精神境界的论述，可以看作是对冯先生论述的一种补充，把他们的论述融合后，可以得出一个比较全面的看法：“境界”就是经常讲的人生境界或者精神境界，是一个人的人生态度，包括冯先生说的“觉解”，对宇宙人的了解和对自己行为的自觉，也包括张先生说的感情、欲望、志趣、爱好、向往、追求等，是浓缩一个人的过去、现在、未来而形成的精神世界的整体。

一个人的境界就是一个人的人生意义和价值。一个人的精神境界，表现在他内在的心理状态，中国古人称之为胸襟、怀抱、胸怀，还表现为他外在的言谈笑貌、举止态度和生活方式。胸襟、气象、格局，作为人的精神世界的反映好像是看不见、摸不着的，实际上它是一种客观存在，是别人能够感觉到的。

精神愉悦是人生的最高境界。冯先生把人生境界分为四个品位：自然境界、功利境界、道德境界、天地境界。

不同境界的人，世界和人生对于他们的意义是不一样的。最低的境界是自然境界，处在这种境界中的人，按照习惯做事，并不知道自己做事情的意义。比这个高一层的是功利境界，处在这种境界的人，他的一些行为都是与自己的利益相关的，即可以做有利于他人的事，也可以牺牲自己，但目的都是为了自己的利益。比功利境界再高一层的是道德境界，处在这个境界的人的行为是为了行义，所谓行义就是为了追求社会

我们活着只为的是去发现美。其他一切都是等待的种种形式。——纪伯伦

追求美而不亵渎美，这种爱是正当的。——德谟克利特

的利益，因为这种人有一种理解：人是社会的一部分，只有在社会中个人才能实现自己、发展自己。功利境界的人是求个人的利益，道德境界的人是求社会的利益；功利境界的人的行为是以占有为目的的，道德境界的人的行为是以贡献为目的的；功利境界的人的行为境界是“取”，即便有时“予”，目的还是为了“取”，而道德境界的人的行为目的是“予”，即便有时候是“取”，目的也是为了“予”。

最高的境界是天地境界，处在这种境界的人，一切行为的目的都是侍天，因为他有一种最深的理解：人不但是社会的一部分，而且是宇宙的一部分，因此，人不但应对社会有贡献，也应对宇宙有贡献，这是一种最高的精神愉悦。

人生境界体现于人生的各个层面。一个人的人生可以分成三个层面：日常生活层面，工作或事业的层面，审美和诗意的层面。 前面两个层面是功利的层面，最后一个层面是超功利的层面。人生要做一番事业，但是人生还要有一种诗意，除了事业之外，人生还应该有审美这个层面。现代社会的特点是工作压力大，人们忙忙碌碌，往往把审美活动忽略了，这是不对的。审美活动尽管没有直接的功利性，但却是人生必需的，没有审美活动的人就不是真正意义上的人，这样的人生是有缺憾的。

人生的三个层面应该有一个恰当的安排和比例，人不能把个人生活层面看得太重，把事业挤掉了，把审美也挤掉了，整天想着柴米油盐；人也不能把工作和事业的层面看得太重，整天忙忙碌碌，这样的人生也不是完美的人生；当然，一个人也不能把审美的层面看得太重，把生活、事业层面都挤掉。

人生的这三个层面可以互相渗透、转化。日常生活的衣、食、住、行在一定条件下可以具有审美的意味，事业的层面在一定条件下也可以升华成为审美的层面。很多大科学家，他们在科学研究中感受到宇宙的崇高，从而得到一种审美的享受，这就从事业的层面升华到了审美的层面。反过来，审美活动可以拓宽人的胸襟，因此，也可以有助于一个人取得事业成功，从这个意义上也可以说是审美的层面转化成了事业的层面。

诗意和创造人生带来爱的人生。

十全十美虽无法达到，但却值得追求。

——罗·布坎南

美与真是一回事，这就是说美本身必须是真的。

——波黑格尔

净水出芙蓉，自然去雕饰。

——李白

诗意的人生就是指跳出自我，用审美的眼光和审美的心胸看待世界，照亮万物一体的生活世界，体验无限的意味和情趣，从而享受现在，回到人的精神家园。

一个人有什么样的人生境界，就有什么样的人生态度和人生追求。一个有最高人生境界的人（天地境界）必然追求审美的人生。反过来，如果一个人在自己的生活实践中能够有意识地追求审美的人生，那么，他同时也在向最高的层面提升自己的人生境界。人生的艺术化就是追求审美的人生，审美的人生就是诗意的人生，创造的人生，爱的人生。

诗意的人生就是回到人生活的世界，生活世界是人最基本的经验世界，是最本原的世界。在这个世界中，人和万物之间并没有间隔，人生是充满诗意的，这是人的精神家园。但是在世俗生活中，我们习惯于用主客两方面的眼光看待世界，世界上一切事物对于我们来说都是认识的对象，或者说利用的对象，人和人之间、人和万物之间就有着间隔，人就被局限在自我的、有限的天地之中，就好像关进了一个牢笼。用陶渊明的话说，就是“落入尘网”。

懿行美德远胜于貌美。——纪伯伦

请酷爱真实，由于它是美的，只有你能识别它，并深切感触它。——德谟克利特

我们有时会听到有人说“活着没有意思”，可能有很多原因，但是，普遍情况下是由于功利的眼光遮蔽了有意义、有情趣的世界，从而丧失了现在，而审美活动去掉了这种遮蔽，照亮了本来的世界，于是世界的一切都变得那么有灵性，可以息息相通，充满了不可言说的诗意。

美国的心理学家马斯洛在谈到自我实现的人的时候说：“自我实现的人有一个特点就是更有情趣，更能感受世界之美，他们能够从生活中得到更多的东西，他们带着一种敬畏、兴奋、好奇甚至狂喜来体验人生。”对于自我实现者，每一次日落都像第一次看见那么美妙，每一朵花都令人喜爱不已，这就是中国古人所说的乐生。一个人能够乐生，享受人生，那么对于他来说，就把握了现在，世界上一些事物的利益和价值就不一样了，他的人生就成了诗意的人生，这样的人生就充满了意义和价值。

日本有一位画家说过：“花开花落方显出生命刹那的辉煌。”爱花、赏花，说明人对花无限珍惜。不光是花，哪怕是一棵无名的小草也是这

样。自然的美、生命的辉煌，激起人们对人生的爱，这种对人生的爱必然和感恩的心情结合在一起。一个人的人生充满了诗意和创造，一定会给他带来无限的喜悦，使他热爱人生，因为人生如此美好而感恩，并因此提升自己的人生境界，所以诗意的人生和创造的人生必然带来爱的人生。

行为。

——德谟克里特

脾气暴躁是人类较为卑劣的天性之一，人要是发脾气就等于在人类进步的阶梯上倒退了一步。

——达尔文

奢侈的必然后果——风化的解体——反过来又引起了趣味的腐化。

——卢梭

火气甚大，容易引起愤怒的烦扰，是一种恶习而使心灵向着那不正当的事情，那是一时冲动而没有理性的行动。

——彼得·阿柏拉德

第五章 学会共处

人的一生都是在与人的交往中度过的，人们通过交往，交流思想感情，交流信息，产生爱情和友情，形成群体、组织和社会，孕育科学和文化，激发灵感和创意，克服保守和偏见，调节心理和生理状态，培养和教育后代，升华人性，完善人格，丰富自我。在我们周围，有一些人，他们总是抱怨自己没有朋友，没有人能够真正理解他们。但只要稍微观察他们，你就不会奇怪他们为什么交不到朋友了。他们身上往往有着一些共同的品性，例如心胸狭窄、吝啬等。如果你想交到更多真正的朋友，你就要努力培养优良的品质，去除那些不良的品质。深厚、牢固的友谊是建立在开朗、大度、友好品质基础上的。没有任何东西能够比宽宏大量、胸怀开阔、善良、乐于助人等优秀品质更吸引人了。

学会共处，就是要学会关心，学会分享，学会合作，学会人际交往。我们一方面要倡导在法律规范内的公平竞争，利用其有利于发挥个人首创精神和提高经济效益的积极方面；另一方面更要发扬和倡导先人后己、毫不利己、互相合作的集体主义精神。

学会共处，就是要学会平等对话，互相交流。平等对话是互相尊重的体现，相互交流是彼此了解的前提，而这正是人们和谐共处的基础。因此，学会表达、交流的技能，确立平等对话的价值观念和态度，是学会共处的重要学习内容。

学会共处就是要学会用和平的、对话的、协商的、非暴力的方法处理矛盾，解决冲突，这对于人与人之间、群体之间、民族之间、国家之间的矛盾同样适用。

学会共处，不只是学习一种社会关系，它也意味着人和自然的和谐相处。从我国古代“天人合一”的思想传统到当代世界倡导的“环境保护”“可持续发展”，无不指明了学会与自然“共处”的重要性。

学会共处，不只是从书本中学习，它的最有效途径之一，就是参与目标一致的社会活动，学会在各种“磨合”之中找到新的认同，确立新的共识，并从中获得实际的体验。

第一节 人际交往原则

大学生处于一种渴望交往、渴求理解的心理发展时期，良好的人际关系，是他们心理正常发展、保持个性健康的必然要求。但对很多学生来说人际交往并不是件容易的事，人际关系问题在大学生心理问题中最为突出，直接影响他们的学习和生活。当代的大学生，大多是独生子女。由于父母特殊的关爱，他们的人际交往受到了过多的限制，加之刚从紧张、繁重的高中学习生活中走出来，没有时间和机会深入社会，“人际交往”问题正变得越来越突出。大一新生渴望能够在校园中建立起良好的人际关系，这不仅是一种求得他人认可的心理诉求，而且也在某种程度上决定着其大学生活的质量。

在人际交往的过程中，除了要对人际交往有一个清醒的认识以外，还要掌握一些合理的交往原则：

一、把握成功的交往原则

1. 平等交往

平等，主要指交往双方态度上的平等，我们每个人都有自己独立的人格、做人的尊严和法律上的权利与义务，人与人之间的关系是平等的关系。在交往过程中，如果一方居高临下、盛气凌人、发号施令、颐指气使，那么他很快便会遭到孤立。大学生往往个性很强，互不服输，这种精神是值得提倡的，但绝不能因同学之间在出身、家庭、经历、长相等方面的客观差异而对人“另眼相看”。大学生活是一个整体，“鹤立鸡群”的人往往会被学生看成“怪物”，很多学生之间的矛盾，是因为性格脾气不同或者习惯爱好不一样，如果能以容忍的态度对待别人就可以避免很多冲突。我们应注重生活中的小事和细节，“勿以善小而不

让自己完全受财富支配的人是永不能合乎公正的。——德谟克利特

谁在平日节衣缩食，在穷困时就容易渡过难关；谁在富足时豪华奢侈，在穷困时就会死于饥寒。——萨迪

为”，比如在别人午睡时，尽量放轻动作；听音乐时戴上耳机等。

2. 尊重他人

每个人都有自己的人格尊严，并期望在各种场合中得到尊重。尊重能够引发人的信任、坦诚等情感，缩短交往的心理距离。一般来说，我们的自尊心都较强，因此，在人际交往中尤其要注意尊重的原则，不损伤他人的名誉和人格，承认或肯定他人的能力与成绩。否则，易导致人际关系的紧张和冲突。

3. 真诚待人

真诚是人与人之间沟通的桥梁，只有以诚相待，才能使交往双方建立信任感，并结成深厚的友谊。真诚的心能使交往双方心心相印，彼此肝胆相照，真诚的人能使交往者的友谊地久天长。

4. 相互信任

在人际交往中，信任就是要相信他人的真诚，从积极的角度去理解他人的动机和言行，而不是胡乱猜疑，相互设防。信任他人必须真心实意，而不是口是心非。

5. 互助互利

人际关系以能否满足交往双方的需要为基础。如果交往双方的心理需要都能获得满足，其关系才会继续发展。因此，交往双方要本着互助互利原则。互助，就是当一方需要帮助时，另一方要力所能及地给对方提供帮助。这种帮助可以是物质方面的，也可以是精神方面的；可以是脑力的，也可以是体力的。

6. 讲究信用

信用是成功的伙伴，是无形的资本，是中华民族古老的传统。信用原则要求大学生在人际交往中要说真话，言必行，行必果。答应做到的事情不管有多难，也要千方百计、不遗余力地办到。如果经再三努力而没有实现，则应诚恳说明原因，不能有“凑合”“对付”的思想。守信用者能交真朋友、好朋友；不守信用者只能交一时的朋友或终将被抛弃。

7. 宽容大度

大度的人通常有比较正确的生活态度，总会以乐观的心情来面对世

坏事情一学就会，早年沾染的恶习，从此以后就会在所有的行为和举动中显现出来，不论是说话还是行动上的毛病，三岁至老，六十不改。

——克雷洛夫

礼貌经常可以替代最高贵的感情。

——梅里美

界，总会友善待人、宽厚待人。一个具有个人魅力的人，除了他的道德、学识等方面的因素外，必定还有他的大度。同学之间的相处，一般说来也没什么大不了的事情，就更应该豁达一些。

8. 打开心窗，主动开放

每个人所隐藏的内心世界，正是别人希望发现的奥秘，一般来说，只有真诚开放了自己的内心，才能走进别人的心灵世界。当你对别人做出一个友好的行动来表示支持或接纳他时，他的心里就会产生一种压力，为保持自己的心理平衡，他便会对你报以相应的友好行为。善于与人交谈和一起娱乐、能恰当分配时间与人交往、参加集体活动等往往会取得思想上的沟通、感情上的融洽以及人际关系的稳固。

二、 掌握人际交往的艺术

1. 语言艺术

“良言一句三冬暖，恶语伤人六月寒。”这两句话告诉我们在交往时要注意运用说话的艺术。说话的艺术运用得好，就能优化人际交往。相反，如果不注意说话的艺术，往往在无意间就会出口伤人，产生矛盾。

(1) 称呼得体。称呼反映出人们之间心理关系的密切程度。恰当得体的称呼，使人能获得一种心理满足，使对方感到亲切，交往便有了良好的心理气氛；称呼不得体，往往会引起对方的不快甚至愤怒，使交往受阻或中断。所以，在交往过程中，要根据对方的年龄、身份、职业等具体情况及交往的场合、双方关系的亲疏远近来决定对方的称呼。对长辈的称呼要尊敬，对同辈的称呼要亲切、友好，对关系密切的人可直呼其名，对不熟悉的人要用全称。

(2) 说话注意礼貌。正确运用语言，表达清楚、生动、准确、有感染力、逻辑性强，少用土语和方言，切忌平平淡淡、滥用辞藻、含含糊糊、干巴枯燥。语音、语调、语速要恰当，要根据谈话的内容和场合，采取相应的语音、语调和语速。讲笑话要注意对象、场合、分寸，以免笑话讲得不得体，伤害他人的自尊心。

(3) 适度地称赞对方。每个人都希望别人赞美自己的优点。如果我们能够发掘对方的优点，进行赞美，他会很乐意与你多交往。但是赞

我们应该注意自己不用言语去伤害别的同志，但是，当别人用语言来伤害自己的时候，也应该受得起。
——刘少奇

礼貌是使人类共处的金钥匙。
——松苏内吉

美要适度，要有具体内容，绝不能曲意逢迎。真诚的赞美往往能获得出乎意料的效果。

(4) 避免争论。青年人喜欢争论，但争论往往是在互不服输、面红耳赤、不愉快甚至演化成直接的人身攻击或在严重的敌意中结束。这对人际关系的影响是显而易见的。因此我们要尽量避免争论，而是要通过讨论、协商的途径解决分歧。

语言艺术运用得好，就能吸引和抓住对方，从内容到形式适应对方的心理需要、知识经验、双方关系及交往场合，使交往关系密切起来。

2. 非语言艺术

非语言艺术一般包括眼神、手势、面部表情、姿态、位置、距离等。掌握和运用好这种交往艺术，对我们搞好人际交往是不可少的。“眼睛是心灵的窗户”，“眼睛像嘴一样会说话”。面部表情是内心情绪的外在表现，它们均能表达人的态度和情感。如“眉飞色舞”表示内心高兴，“怒目圆睁”表示愤怒等。交往中还可用人体动作来表达思想。

我们在人际交往中要根据谈话的内容和场合，正确运用非语言艺术，巧妙地表达自己的思想感情，有时能起到“此时无声胜有声”的作用。但非语言艺术要运用得恰到好处，不可过于频繁和夸张，以免给人手舞足蹈之感。

最难忍受的孤独莫过于缺少真正的友谊。——培根

人生最美好的东西，就是他同别人的友谊。——林肯

不是真正的朋友，再重的礼品也敲不开心扉。——培根

3. 学会有效地聆听

人际关系学者认为，“聆听”是维持人际关系的有效法宝，所以要学会有效地聆听。在沟通时，作为听者要少讲多听，不要打断对方的谈话，最好不要插话，要等别人讲完之后再发表自己的见解；要尽量表现出聆听的兴趣，听别人讲话时要正视对方，切忌有小动作，以免对方认为你不耐烦；力求从对方的角色上设身处地地考虑问题，对对方表示关心、理解和同情；不要轻易地与对方争论或妄加评论。

三、努力增强自己的人际魅力

人际魅力，是指在人际交往过程中形成的，个体对他人给予的积极和正面评价的倾向。每个人都有自己喜欢的人，并愿意与之交往；每个人也都有自己讨厌的人，不愿意和这些人交往。这种现象反映的实际就

是人际吸引。那么，我们如何增强人际吸引力，做一个受欢迎的人呢？

1. 努力建立良好的第一印象

卡耐基在其著作《怎样赢得朋友，怎样影响别人》一书中总结出给人留下良好第一印象的六种途径：

(1) 真诚地对别人感兴趣；

(2) 微笑；

(3) 多提别人的名字；

(4) 做一个耐心的听者，鼓励别人谈他们自己；

(5) 谈符合别人兴趣的话题；

(6) 以真诚的方式让别人感到他很重要。

2. 提高个人的外在素质

追求美、欣赏美、塑造美是人的天性。美的外貌、风度能使人感到轻松愉快，并在心理上构成一种精神的酬赏。所以，我们应恰当地修饰自己的容貌，扬长避短，注意在不同场合下选择样式和色彩符合自己的服装，形成自己独特的气质和风度。同时，我们应该注意追求外在美和内在美的协调一致，即外秀内慧，因为随着时间的推移、交往的加深，外在美的作用会逐渐减弱，对他人的吸引就会逐渐由外及内，从相貌、仪表转为道德与才能。

欺骗，应当显得恳挚悦人，这样学着去行正直。

——夸美纽斯

礼貌是儿童与青年所应该特别小心地养成习惯的第一件大事。

——约翰·洛克

3. 培养良好的个性特征

良好的个性特征对建立良好的人际关系有吸引作用，而不良个性特征则对建立良好的人际关系有阻碍作用。生活中，大家都愿意与性格良好的人交往，没有人愿意与自私、虚伪、狡猾、性情粗暴、心胸狭隘的人打交道。因此，我们要不断形成良好的个性特征，努力克服性格上的弱点。

4. 培养控制情绪的能力

应该承认，在所有的情绪类型中，恼怒是最难以控制的负面情绪。它一旦随着矛盾的郁积在心中生成，就如坐在火山口上，使人浑身燥热、心跳加快，像奔突的岩浆非得喷发一样，最终酿成争吵和冲突。与人相处，难免发生摩擦冲突，克制自己的情绪往往会起到“化干戈为玉你们所多的是生力，遇见森林，可以凿成平地的；遇见旷野，可以栽种树木的；遇见沙漠，可以开凿井泉的。
——《鲁迅全集》

什么是路？就是从没路的地方践踏出来的，从只有荆棘的地方开辟

帛”的效果。克制，以团结为本，以大局为重，即使是在自己的自尊与利益受到损害时也应如此。但克制并不是无条件的，应有理、有利、有节，如果是为一时苟安，忍气吞声地任凭他人无端攻击、指责，则是怯懦的表现，也不是正确的交往态度。

5. 加强交往，密切关系

人与人之间空间距离上的接近，是促进人际吸引的重要因素，因为人与人之间空间位置上越接近，彼此交往的频率就越高，越有助于相互了解、沟通情感、密切关系。即使两个人的人际关系比较紧张，通过交往，也有可能逐步消除猜疑、误会。反之，即使两人关系很好，但如果长期不交往，彼此了解减少，其关系也可能逐渐淡薄。同学们共同在一个校园里，接触密切，这是建立友情的良好的客观条件。

如果你能努力朝这些方向前进，你就会发现，一切正在悄然改变：朋友之间的不快荡然无存，能够畅所欲言的知音越来越多；亲友间诚挚互爱；你便会过得充实愉快，会觉得人际交往是一件自然与轻松的事，从而对学习生活持以乐观的态度，对塑造一段完美的大学生活以及以后的人生充满信心。

第二节　个人修养

人，最重要的是自我修养，内圣而外王。而修养也不仅仅是品德，它包括所有能力、境界的提高。

修养是后天的产物，是人们控制命运、发展自身、挑战自身的结果。这种人为的力量，往往十分强大。

1943年3月，结合当时的党内整风学习，周恩来同志在重庆写下了著名的修养要则。至今虽已跨越了70多年，但仍有一种清心醒目之感。

这个修养要则共有七条，记录在《周恩来选集》里，具体内容是：

(1) 加紧学习，抓住中心，宁精勿杂，宁专勿多；

(2) 努力工作，要有计划，有重点，有条理；

(3) 习作合一，要注意时间、空间和条件，使之配合适当，要注意

检讨和整理，要有发现和创造；

(4) 要与自己的、他人的一切不正确的思想意识做原则上坚决的斗争；

(5) 适当地发扬自己的长处，具体地纠正自己的短处；

(6) 永远不与群众隔离，向群众学习，并帮助他们；过集体生活，注意调研，遵守纪律；

(7) 健全自己身体，保持合理的规律生活，这是自我修养的物质基础。

在革命烈士恽代英的日记里，也有一个修养要则：

(1) 不谈人过失；

(2) 不失信；

(3) 不恶待人；

(4) 不做无益事；

(5) 不浪费；

(6) 不轻狂；

(7) 不染恶嗜好；

(8) 不骄矜。

把这两个修养要则摆在面前，就好像打开了一扇窗子，令人豁然开朗。有了这样的心灵、这样的胸怀、这样的情操，还愁不能与人相处，还愁不能团结他人吗？

修养要则是一个人学习、工作和生活的基本准则。有什么样的决心，才会有什么样的行动；有什么样的思想，才会有什么样的作风。许多人都非常敬仰周总理，但也许并不知他对自我修养要求之严格。这七条中，不论哪一条，都蕴涵着极为丰富的人生哲理。

修养要则也是对一个人的自我约束。这个要则并非组织纪律，而是自觉的追求。这种自觉，需要极大的克制力。在很多情形下，思想稍一松懈，就会产生动摇。别人议论你过失的时候，能不能仍然坚持不在背后谈论别人的过失？别人对你产生误解，甚至恶语相加的时候，还能不能善待对方？别人在挥霍浪费的时候，能不能坚持艰苦朴素？自觉者的

将欲取之，必故与之。是谓微明。
——老子

蜂从花中啜蜜，离开时嘤嘤地道谢。浮夸的蝴蝶却相信花是应该向它道谢的。
——泰戈尔

可贵，就在于他们具有一种清楚的是非观念。知道哪些是应该做的，哪些是不应该做的；哪些是可以做的，哪些是不可以做的。

古人云："君子不可不修身。"又云："正心以为本，修身以为基。"性情的修养，不是为了别人，而是为了增强自己的生活能力，良好修养乃立身之本。同时，个人修养的优良还往往决定其事业是否成功。

修养还体现在一些细节上。饭馆里，一碗汤洒在你身上；公交上，一只皮鞋踩在你脚尖上。你怎么办，是随风而去还是据理力争？

有些人在聚餐的饭桌上，喜欢把菜翻来覆去，翻得底朝上再夹起一口，哪怕是一盘花生米或青菜都如此。这还不如那些一上来就狼吞虎咽的人率性，暂不说是否卫生，也不说是不是贫穷年代遗留下来的陋习，这种行为实际上暴露了一个人内心的自私和心胸的狭隘。

杨绛说过"读书是为了遇见更好的自己"。学习不是狭隘的，不是为文凭学历、升官发财的，更不是为了酸文假醋、故作清高寡淡的，而是为了重新塑造我们自己的精神世界，让我们视野更开阔些，能以更好的视角来诠释这个世界。

孔子的弟子子贡曾问他什么是修养，孔子就讲了一个故事。说有一条狗，在路上喜欢咬人。第一个男人来了，狗开始攻击，这个男人本来可以制服它，但还是左躲右闪。狗不依不饶，扑上去狠咬了一口，鲜血直流，男人翻起一脚，把狗踢出很远，狗打个滚落荒而逃。第二个男人来了，狭路相逢，他想自己不是好欺负的，需决斗，狗扑上来时，他抓住狗的两只前腿，狗不得动，狗咬了他胳膊一口，他咬了狗脑袋一口，就这样一口一口轮番咬下去，最后两败俱伤。子贡听后说，他怎么和狗一样呀！

是呀！他怎么和狗一样，这世界上什么人都有，每天一不小心就会被别人释放的精神垃圾砸中，那怎么办？总不能和第二个人一样，你咬我一口，我咬你一口，没完没了。这就是修养的分寸。

我们不要对号入座。有人说农村人如何，我们就恨不得群起攻之；有人说某某省如何，我们就恨不得全体讨伐。这都没必要，说的人有他的孤陋和愚昧，听的人也不要"风声鹤唳""四面楚歌"。点代不了面，

所谓革命精神就是创造性，要懂得世界上的一切都需要创造，要前进就不能坐着等待，就要去创造。而要创造就要克服困难，不能贪图好环境、好条件。——《徐特立教育文集》

我们知道个人是微弱的，但是我们也知道整体就是力量。——马克思

千万别往自己身上套。哪里人都有特点，一方水土养一方人，谁都热爱自己的家乡，人性都一样。即使他打击一片，你也不能善恶包揽。我们维护的是正义，保护的是自己，不能兼善天下，尚要独善其身。说者也许无心，听者也不必有意。我们每个人的境况、遭遇、高度、视角不同，千万不要“现身说法”，因为你只是自己的楷模，不能成为别人的榜样。言语是要经过时间检验的，人品是要经过事物考验的。

个人道德修养关乎人的立身之本，不可小觑。因此，良好修养不仅是一个人的立身之本，而且是现代社会职场竞争不可或缺的“软实力”。修养是个人魅力的基础，其他一切吸引人的长处均来源于此。

不念居安思危，戒奢以俭；德不处其厚，情不胜其欲；斯亦伐根以求木茂，塞源而欲流长者也。
——魏徵

奢者狼藉俭者安，一凶一吉在眼前。
——白居易

第三节 学会感恩

感恩是一种处世哲学，是生活中的大智能。人生在世，不可能一帆风顺，种种失败、无奈都需要我们勇敢地面对，旷达地处理。这时，是一味埋怨生活，从此变得消沉、萎靡不振？还是对生活满怀感恩，跌倒了再爬起来？英国作家萨克雷说：“生活就是一面镜子，你笑，它也笑；你哭，它也哭。”你感恩生活，生活将赐予你灿烂的阳光；你不感恩，只知一味地怨天尤人，最终可能一无所有！

古人云：“滴水之恩，当涌泉相报。”它教诲世人，当我们受恩于人时，切勿忘了感恩。然而，这个流传了几千年的中华民族传统美德却日渐为当代一些人所遗忘。他们以自我为中心，漠视宝贵的亲情、友情、师生情，从而表现出一定程度的精神“真空”。这种现象折射出长期以来感恩教育的缺乏。

感恩是中华民族的优良传统，也是社会主义道德教育的一项重要内容。全社会应掀起一股感恩教育的热潮，倡导、弘扬感恩文化，共同营造知恩报恩的好风气，从而使我们在感恩的氛围中共同走向和谐。只有人人怀有感恩之心，处处心生感激之情，人与人之间的距离才会拉近，世界也会因此多一分阳光、少一点冷漠。

一、感恩是大学生必备的基本道德素质

感恩是每个人都应该有的基本道德素质，是做人起码的修养，也是人之常情。作为一个大学生更应该懂得什么是感恩。

1. 对父母的养育应怀有感恩之心

我们每个人从呱呱落地的那一天起，就无时无刻不在享受着父母的爱。生育我们的母亲，用甘甜的乳汁一天天将我们养大；养育我们的父亲，用宽厚的肩膀将我们高高地托起，让我们看见外面的世界。父爱如山，母爱似海。在我们的成长过程中，给予我们爱最多的人便是父母。因此，我们首先要感恩父母。对父母的养育，我们应心存无尽的感恩与报答之情。如果连父母的养育之恩也漠然置之，又如何能感受到来自他人的关爱、来自社会的体恤、来自祖国的培养和来自自然的赏赐呢？

2. 对师长的教诲应有感恩之意

尊师重教是中华民族传统美德之一。任何人的成长都离不开学校的培育、老师的教诲。从咿呀学语的孩童到蒙学初开的小学生，从求知若渴的少年郎到展翅高飞的成年人，老师的作用时刻贯穿始终。他们不仅教给我们知识，还给予我们关怀、温暖和期望。当今社会，尊重教师已成为尊重知识、尊重人才、尊重科学的重要表现，反映着全社会的精神文明水平。然而，在大学校园里，课间不擦黑板、上课不遵守课堂纪律已不是个别现象；有些同学与老师擦肩而过也不打招呼，如同陌路人；对老师的辅导答疑，连句“谢谢老师”都不会说的学生并不鲜见；更有甚者还给老师起外号。教师是人类文化的传播者，在人类文化的继承发展中起着桥梁、纽带作用。在学生的成长中，无不凝结着教师的辛勤劳动。今天的大学生更应该像毛泽东当年尊重、感激徐特立那样，来尊重、感激自己的老师，要学会尊重老师的人格、尊重老师的劳动及尊重老师的创造。

3. 对社会的救助应存有感恩之情

一位哲人说过，世界上最大的悲剧或不幸，就是一个人大言不惭地说没有人给过他任何东西。每个人只有懂得感恩，才能懂得尊重他人，发现自我价值。感恩是人性善的反映，是文明社会最基本的道德准则。

礼貌是最容易做到的事，也是最珍贵的东西。——冈察尔

历史的道路不是涅瓦大街上的人行道，它完全是在田野中前进的，有时穿过尘埃，有时穿过泥泞，有时横渡沼泽，有时行经丛林。——车尔尼雪夫斯基

中华民族是一个具有感恩优良传统的国家，大学生更应懂得“饮水思源，知恩图报”“滴水之恩，涌泉相报”这些经典诗句的真正涵义。每个大学生都应拥有一颗感恩的心，学会感恩，学会做人，努力塑造完美人生，努力把孝心留给父母，把关心留给他人，把爱心留给社会，把忠心留给祖国，把信心留给自己。

不难想象，一个人如果连自己的父母都不关心、对教导自己的老师都不在意、对自己的恩人都不感激，何谈今后关心民生、贡献社会？一名合格的大学生，无疑要具备一定的综合素质，这其中既包括基本的专业知识和技能，更需要具备一颗感恩的心及完善的人格。拥有一颗感恩的心，我们才会懂得回报父母的养育之恩；拥有一颗感恩的心，我们才会懂得珍惜老师的启蒙、教育之恩；拥有一颗感恩的心，我们才会体会国家、社会与他人的资助之恩。只有这样，将来才有能力担当构建社会主义和谐社会和实现中华民族伟大复兴的重任。

要意志坚强，要勤奋，要探索，要发现，并且永远不屈服，珍惜在我们前进道路上降临的善，忍受我们之中和周围的恶，并下决心消除它。
——赫胥黎：《进化论与伦理学》

4. 构建社会主义和谐社会亟须感恩教育

胡锦涛同志曾经说过：“一个社会是否和谐，一个国家能否实现长治久安，很大程度上取决于全体社会成员的思想道德素质。没有共同的理想信念，没有良好的道德规范，是无法实现社会和谐的。”构建社会主义和谐社会，需要数以千万计的专门人才和一大批拔尖创新人才，需要人的全面发展。大学生无疑是构建社会主义和谐社会的主力军，然而在建立社会主义市场经济的今天，如何找到待遇好的工作、如何享受生活成了众多大学生关心的热门话题，而对于如何承担责任、奉献社会，他们却很少涉及。一些人总是抱怨他人和社会对自己的“亏欠”，却不想自己给予了他人和社会什么。为了虚荣心，他们不愿谈及受过国家和他人的资助。每个大学生只有具备崇高的理想信念、良好的思想道德素质、强烈的责任感和无私的奉献精神，只有对家庭、他人和社会常怀感恩之心、常留感恩之意、常存感恩之情，才能促进整个社会的和谐发展。

和谐社会不但是人与自然的和谐，更是人与人的和谐。生活在社会大家庭里的大学生们，受到许许多多恩泽，有大自然的给予、国家的培养、父母的养育、师长的教诲、亲友的关爱、他人的服务、陷入困境时好心人的救助等。大学生只有学会感恩，才会少些抱怨、仇恨和对抗，多些宽厚、友善和快乐；才会对生活寄以希望，对别人施以爱心，对工作报以敬意，对社会予以回报；才能在社会中与人和谐相处。怀感恩之心，行报恩之举，应当成为每个大学生的行为准则。我们应该通过感恩教育，树立起知恩图报的社会风范，让这个世界充满友爱，以期实现人与自我、人与社会、人与自然的三大和谐，进而升华我们的人格魅力，辉煌我们的民族精神。

在许多问题上我的说法跟前人大不相同，但是我的知识得归功于他们，也得归功于那些最先为这门学说开辟道路的人。——哥白尼

如果说我看得远，那是因为我站在巨人们的肩上。——牛顿

黄舸（1988年10月30日～2009年11月6日），湖南长沙人，7岁时被确诊为先天性进行性肌营养不良。据医学专家介绍，这种病只能活到18岁。为了答谢恩人，15岁那年，黄舸和父亲用一辆三轮摩托车踏上了“感恩之旅”，开始在全国寻访素未谋面的恩人。父子俩走过82个城市，行程1.3万多千米，向30多位当年给他们寄过钱的恩人当面道谢。父子俩一路上感受着感动，也传播着感动。黄舸说：“到好心人的家门口说声谢谢，送上一束鲜花表达深深的谢意，是我最大的心愿。” 离世的时候，他把自己的眼角膜捐给了需要的人。 2006感动中国十大人物评委给黄舸的颁奖词为：我们需要静下心来体会这个场面，一个四肢无力的孩子，每天都在和死神赛跑，跋山涉水、万里迢迢。 他就像一小截被命运丢弃的蜡烛，善良的人点亮他，他就欢快地燃烧起来。藏起眼泪，还给人们光明和希望。

感恩不能仅仅停留在嘴上，要付诸行动，用细节说话，用学习说话，用工作说话，用成绩说话。对于我们大学生来说，报恩最重要也是最切实可行的就是要加强学习。一个准备回报父母、回报社会的人，必定是一个注重学习，不断更新知识的人。只有坚持与时俱进，树立自主学习、全面学习、创新学习和终身学习的理念，才能有所创造，有所突破，有所作为，才能成为对家庭和社会有贡献的人，才不会辜负父母和亲人的期望。

第四节 注重心理健康

一、心理健康的概念

心理健康是健康的重要组成部分，它是指个体的心理活动处于正常状态，即认知正常，情感协调，意志健全，个性完整和适应良好，能够充分发挥自身的最大潜能，以适应生活、学习、工作和社会环境的发展与变化的需要。需要注意的是，心理健康是个体心理在本身及环境条件许可的范围内所能达到的最佳功能状态，而不是指绝对的十全十美的状态。

具体可用“五快”（生理健康）和“三良好”（心理健康）来衡量人的整体健康状况。

“五快”是指：

(1) 吃得快。进餐时，有良好的食欲，不挑剔食物，并能很快吃完一顿饭。

(2) 便得快。一旦有便意，能很快排泄完大小便，而且感觉良好。

(3) 睡得快。有睡意，上床后能很快入睡，且睡得好，醒后头脑清醒，精神饱满。

(4) 说得快。思维敏捷，口齿伶俐。

(5) 走得快。行走自如，步履轻盈。

“三良好”是指：

(1) 良好的个性人格。情绪稳定，性格温和；意志坚强，感情丰富；胸怀坦荡，豁达乐观。

(2) 良好的处世能力。观察问题客观、现实，具有较强的自控能力，能适应复杂的社会环境。

(3) 良好的人际关系。助人为乐，与人为善，对人际关系充满热情。

二、大学生的心理健康标准

根据目前我国大学生所具备的生理、心理特征和社会特征等实际情

人民是土壤，他含有一切事物发展所必需的生命汁液；而个人则是这土壤上的花朵与果实。

——别林斯基

一燕不能成春。

——克雷洛夫

况，大学生心理健康的标准可概括为以下几点：

1. 智力发育正常

正常发育的智力指个体智力发展水平与实际年龄相称，这是心理健康的重要标志之一。

2. 符合年龄阶段特征的心理和行为

大学生是处于特定年龄阶段的特殊群体，应具有与其实际年龄相符合的心理、行为特征，并形成与年龄阶段相适应的心理、行为模式，表现出活泼、好动、精力充沛、勤学好问、反应敏捷等心理特征。

3. 较强的情绪自控能力

心理健康的大学生，积极情绪多于消极情绪，乐观开朗，富有朝气，对生活充满希望；情绪较稳定，善于控制与调节自己的情绪，既能克制又能合理宣泄；情绪反应与环境相适应。乐观、满意等积极情绪体验占优势，尽管也会有悲哀、困惑、失败、挫折等消极情绪出现，但不会长久持续。

4. 正确的自我认知能力

自我认知是指一个人对自己的身心状况、能力和特长，以及自己所处的地位、与他人的关系的认识和体验。一个心理健康的大学生对自己的认识是比较接近客观现实的，即我们平时所说的有“自知之明”，对自己的长处和优点有一种欣慰的情绪体验，产生相应的自尊感，但又不狂妄自大。

5. 和谐的人际关系

大学生良好而和谐的人际关系表现为乐于与人交往，既有广泛而深厚的人际关系，又有知心朋友；在交往中保持独立而完整的人格，有自知之明，不卑不亢；能客观评价别人和自己，善于取人之长，补己之短；宽以待人，乐于助人；积极的交往态度多于消极态度，交往动机端正。

6. 良好的社会适应能力

社会适应能力包括正确认识社会及处理个人与社会之间关系的能力。对大学生来说，需要做客观观察以取得对社会及个人与社会关系的正确认识，以有效的办法应对环境中的各种困难，不退缩，还要根据环

一个人要帮助弱者，应当自己成为强者，而不是和他们一样变成弱者。

——罗曼·罗兰

只有在集体中，个人才能获得全面发展其才能的手段，也就是说，只有在集体中才可能有个人自由。

——马克思、恩格斯

境的特点和自我意识的情况努力进行协调，或改造环境以适应个体需要，或改造自我以适应环境。

一名大学生，如果他的心理健康状况在大多数时间里能基本达到以上六个标准，说明他的心理是健康的；即使偶尔出现一些偏差，如情绪失控，大发脾气，过分自卑等，如果是事出有因且持续时间不长而自愈，也不能说他心理不健康。

三、 大学新生常见的心理问题及其自我调适

大学新生由于生活环境、学习方式和社会角色等方面的转变，必然要经历一个从不适应到适应的过程。能否顺利度过适应期，对大学新生的成长成才至关重要。为了做好适应大学新环境的心理准备，以便更快更好地适应大学生活，我们需要对大学新生常见的心理问题有一个客观、科学的认识和了解。现列举新生常见的心理问题及自我心理调适方法如下：

1. 理想与现实的落差引发的心理问题

理想与现实的落差引发的心理问题表现为两种形式：

(1) 感到学校或专业不理想。这是一种较普遍存在的影响新生情绪的消极心理。自认为未考好或志愿未填好，产生对高考结果的失落。读这个学校或这个专业只是一种无奈，是权宜之计。这样的学生往往带着沮丧、遗憾、无奈等复杂情绪入学，可能还在考虑退学或转系，当然也就谈不上学习目标和动力了。

(2) 现实中的大学学习、生活状况与理想中的差距太大。面对新的环境和新的挑战，很多学生原有的优势和平衡被打破，不少人从“鹤立鸡群”变成了“平庸之辈”，再难以受到老师的表扬和同学的关注、追捧；新生还很容易在入学前将大学生活过分理想化，把它想象得很浪漫、神秘和多姿多彩，入学后却发现现实并非完全如此或感觉相差甚远。

这种理想与现实的落差，它的结果既可以使人在心理上产生失落感和自卑感等消极心理，使人沉沦，也可以导致补偿和超越的积极心理，使人奋发。因此有失落和自卑心理的新生要注意尽快从这种状态中摆脱出来，认识到理想与现实的大学生活之间的区别，并以乐观、积极的态

人是要有帮助的。荷花虽好，也要绿叶扶持。一个篱笆打三个桩，一个好汉要有三个帮。——毛泽东

人生应该如蜡烛一样，从顶燃到底，一直都是光明的。——萧楚女

度面对它，客观地看待目前的状况；要注意正确、全面地认识和评价自己，不要陷入错误、比较的痛苦之中而导致消极情绪，更要认清自己的长处，发挥自己的长处，以长补短，在新的环境建立新的自信；同时增进对学校和专业的了解，明确学校的相对优势和个人发展空间大小的辩证关系，以良好的心态迎接新的生活。

2. 人际交往障碍引发的心理问题

无论是生活还是学习，人际关系都是引发心理问题的重要因素。要尽快适应大学生活，就一定要处理好人际关系。

最主要的是与同学之间的人际关系问题。刚入学的新生渴望友谊，期望得到集体的温暖，但由于大学里的同学来自不同的地域，教育背景、家庭条件、生活习惯、价值观念等的不同和个人气质性格的差异，加之大学生青春期“闭锁性”的心理特点，很多学生不是交往范围狭窄，就是不能与人坦诚相待、开诚布公地交流思想。尤其要面对室友间的情趣爱好、饮食习惯、家庭状况、作息习惯等方面的差异，有人感到无所适从，甚至彼此无法相容。由于不愿意主动接近别人，思想情感得不到及时沟通和表达，很多大学新生出现人际关系不协调，感到“知音难觅”，产生了压抑、孤寂和烦闷的抑郁心理。心理压抑、自卑，行为畏缩、犹豫，面对挑战采取逃避态度或无力去应付；想与人交往，又怕被人拒绝、嫌弃；想得到别人的关心与体贴，又害羞不敢与人接近，内心矛盾重重。

某校大二学生小敏被送进医院时，已三天没吃过饭了，她打翻同学们打来的饭菜，“你们在饭里下了药，吃了后，我就都听你们的，把什么秘密都说出来，我不吃。”这是典型的社交恐惧症的表现。

人际交往障碍是一种恐惧心理的自我加强过程。恶性循环一旦形成，恐惧愈演愈烈，最后严重影响正常的学习和生活。出现这种情况的同学往往存在以自我为中心、人际交往技巧缺乏等方面的问题，应该学会正确评价自己，增加自信，消除自卑和恐惧；多参加班上或学校社团的活动，多交一些知心朋友，要敢于抛头露面；必要的话，可以向学长、老师、同学请教，向学校的心理咨询中心或辅导员寻求帮助。

但愿每次回忆，对生活都不感到负疚。——郭小川

自己应为之事，勿求他人，今日应为之事，勿待明日。——孙中山

你若要喜爱你自己的价值，你就得给世界创造价值。——歌德

3. 自主学习障碍引发的心理问题

自主学习障碍引发的心理问题表现为三种形式：

（1）过分放松。经过高中三年超负荷的拼搏，经历了“黑色6月”的洗礼，许多学生的身心能量过度透支，入学后也难以恢复；加上老师、家长和朋友为了激励学生考上大学，运用“大学就是天堂”的刺激手段，使很多新生产生“进大学等于享受”的错误思想，整天沉湎于交朋友、认老乡、玩游戏、看小说、谈恋爱等活动，无形中影响了学习和成长。

一位同学说：“大学和高中相比……不同的只是大学里上网的时间和睡觉的时间多了很多，压力也小了很多。”这位同学并不明白，“时间多了很多”正是大学与高中之间巨大的差别。时间多了，就需要自己安排时间、计划时间、管理时间。

（2）目标缺乏。中学阶段奋斗目标非常明确而且强烈，面临升学压力，每个学生的生活都是高效、专注、充实的，个体的潜能被最大限度地挖掘。考入大学后实现了这个目标，若不及时建构新的目标，就会导致目标丧失。有的新生入学初期新的人生目标尚未确立，出现目标缺失和理想真空状态，不知自己该干什么，动机缺乏，意志减退，导致焦虑、挫折、茫然和无聊的心态，有些同学甚至以过度的娱乐和恋爱来填补此阶段心灵的空虚。

（3）盲目紧张。进入大学，学习方法从被动“灌输式”转到主动“开放式”，不少新生无法适应这样的学习、生活环境，导致学习成绩不理想，往往又不能兼顾人际交往、组织沟通能力的锻炼提高，这时，在外界对就业压力的大肆宣传、渲染的刺激下，就很容易产生对就业前景的盲目紧张，不少学生难以摆脱危机心理的支配，常感心理压抑，甚至自暴自弃，无法安心学习。

某一理科专业的女生在学校心理咨询中心咨询时说，觉得自己上课听不懂，作业不会做，学习成绩总上不去，尤其是高等数学和英语最感头疼。过去在读高中时，自己能控制、掌握自己，通过努力，学习成绩总能赶上去，可是自从上了大学，这一套却不管用了。

尺有所短，寸有所长；物有所不足，智有所不明。
——屈原

怨天者不勤，尤人者无志。成其事，立其志。人皆趋彼，我独守此，人皆迁之，我独不移。
——朱熹

人只有献身于社会，才能找出那短暂而有风险的生命的意义。——爱因斯坦

芸芸众生，孰不爱生？爱生之极，进而爱群。——秋瑾

生活真像这杯浓酒，不经三番五次的提炼呵，就不会这样可口！——郭小川

解决自主学习障碍引发的心理问题，首先要注意重新定位自己，增强时间紧迫感。作为新生，一定要正视现实，认识到考上大学只是人生征途上的一次胜利而已，今后的路还很长。其次，树立新的目标，做好规划。大学学习的目的是掌握一定的专业知识和技能，提高自身的素质。实现这一目标就要从学好专业课，提高专业技能，培养高尚道德情操，锻炼组织社交能力，提高身体和心理素质等多方面去努力。在学习、生活上，可以将近期目标与长远目标相结合，小目标与远大目标配合，以激发自己的内在动力。再次，要认真地分析自己学习方式的利弊，正确认识自我，踏踏实实学习。另外，还要在学习内容上注意寻找自己的学习兴趣，除完成正常的学习任务外，应根据自己的兴趣养成发现问题、思考问题、研究问题的习惯，变被动学习为主动学习，提高学习的自觉性和自主性。

这些常见的心理问题并不是彼此孤立的。理想与现实的落差引起的失落和自卑心理可能导致人际交往障碍，人际交往障碍也会激化失落和自卑心理；人际交往障碍会影响自主学习的积极性和学习状态，自主学习障碍所产生的空虚压抑、焦虑紧张的情绪也会影响人际交往。它们是相互影响、相互制约的，对此我们要用联系的观点来看待，并积极加以预防。

四、应对心理问题的常用方法

一个人的心理健康状况直接影响他的人生观、价值观，影响他的学习、生活和工作，因而从某种意义上讲，心理健康比生理健康更为重要。大学新生如果自我感觉心理健康状况出现问题，或者有家长、老师、同学对自己提出一些质疑和意见，都应当引起自身的重视，须及时进行自查、调整，防微杜渐。下面介绍三种主要的应对心理问题的方法：

1. 自我心理调适

一般的心理问题都可以通过自我心理调适来解决。

可以通过运动、哭泣、倾诉等多种形式来实现自我放松，缓和心理压力和排除心理障碍。遇到烦闷、焦虑、压抑等情绪的时候，适度超负荷的运动可以让烦恼随汗水挥洒而去，找个合适的地点大哭一场让烦恼

随泪水流走，或者找个朋友倾诉，让别人来理解你、安慰你，以此来宣泄不良情绪。

也可以通过自我暗示来调节。自我暗示是靠思想、语言对自己施加影响以达到心理卫生、心理预防和心理治疗目的的方法。通过自我暗示，可以调理自己的心境、感情、爱好、意志乃至工作能力，将起到非常积极的作用。比如，面临紧张的考场，反复告诫自己“沉着、沉着”；在荣誉面前，自敲警钟“谦虚、谦虚”；在遭遇挫折时，安慰自己“要看到光明，要提高勇气”，等等。面对“心病”，关键是如何去认识它，并以正确的态度去对待它。

2. 获取心理学知识

通过聆听心理讲座、参加学校的大学生心理健康协会开展的各项活动、阅读心理杂志，提高自己的心理素质，学习更多的心理自我调节、心理适应、心理自助的方法，也是增加心理承受能力和抵抗能力的方法。

学校为学生安排的讲座都是有针对性和实效性的，对同学们的帮助具有很大的现实意义；另外，这也是获取心理学基础知识、保健常识的一个简便、快捷的方式。

3. 心理咨询

很多大学新生会对心理咨询有误解，认为去做心理咨询的同学都是有神经病或精神病，自己不愿意去，还对去做心理咨询的人投以异样眼光。这主要是因为对心理咨询的认识不正确。

其实，心理咨询老师和其他老师一样，只是他的专业是从事心理健康教育和咨询，对学生的心理问题更为了解，有更有效的解决办法。而心理咨询是心理老师根据自己的专业知识和经验，通过与前来咨询的同学沟通，帮助他们解决心理困扰的一个过程，就像数学老师帮学生解决数学难题一样。

当然，前去咨询的同学，他们的问题有轻有重，有的可能有严重的心理疾病，但更多的还是症状较轻且为期很短的心理问题，如最常见的发展问题，像学习、就业压力带来的焦虑、抑郁情绪一时难以排解，像与男（女）朋友闹矛盾引起的情感问题，像认为家长不理解自己造成的

成功的第一条件是真正的虚心，对于自己的认识，只要看出同真理冲突，都愿意放弃。

——斯宾塞

生活只有在平淡无味的人看来才是空虚而平淡无味的。

——车尔尼雪夫斯基

亲子关系问题都属于这一类。

但无论自己或别人是因为轻度还是重度的心理问题前去进行心理咨询，大家都是怀着一种追求美好、幸福、和谐生活的愿望前去求助的，都是值得大家鼓励、学习和爱护的。那种发现自己有问题而讳疾忌医的行为，或者嘲笑别人为幸福生活做出不懈努力的行为，都是不值得提倡的。

如果你遇到自己不能解决的心理问题，如果你想尽快从心理阴影中摆脱出来，去学校的心理健康教育中心或者咨询室跟老师进行交流，听听他们的说法和建议，将是一个好主意。

总之，理解心理健康的概念，学习保健知识，做个健康快乐的大学生，你的健康快乐也将感染周围的同学、朋友和家人，大家相互促进、和谐共处，大学的学习、生活将会更加丰富多彩，我们的未来也将更加美好。

第五节 大学生恋爱

随着社会的不断进步，时代的日益发展，现在大学生的恋爱观和对婚姻的看法都在发生着变化，虽说不上翻天覆地，却也算是日新月异了。时尚与朴素、流行与传统、现实与理想等都在发生着激烈的相互碰撞。大学生恋爱已经是普遍的现象，虽然爱情可以让人陶醉，让人更好地工作、生活，但性发育成熟而心智相对幼稚常常带给大学生不少心理困惑，严重的甚至在冲动之下走向极端。所以，树立正确的爱情观是很重要的事情。

所谓爱情是一对男女基于一定客观物质条件和共同的人生理想，在各自内心中形成的相互间最真挚的爱慕，并渴望对方成为自己终身伴侣的最强烈、专一和稳定的感情。爱情是人类特有的情感。大学生处于青年发展的中期，其身心发展的最明显特征是随着生理变化，其性心理也得到快速发展并走向成熟。性是一种强烈的生命冲动，青年的性心理充满矛盾。他们的性渴望不可抗拒，性的焦虑普遍存在。这必然使他们欣

天才并不是自生自长在深林荒野里的怪物，是由可以使天才生长的民众产生、长育出来的，所以没有这种民众，就没有天才。——鲁迅

远游以广其见闻，精思以开其胸臆。——朱熹

喜、激动，同时也带来一系列的心理困扰。对此，有的大学生能正确地认识，较好地应付，有的却因为没有很好地适应和调节，导致不良的情绪和行为反应，甚至出现明显的心理障碍，影响他们的身心健康。因此，培养大学生健康的性心理是很重要的。随着年龄的增大，人的脑垂体激素的分泌量增加，特别是进入青春期后，第二特征出现，性腺逐渐发育成熟，性意识觉醒，青年开始关注两性关系及对待异性的态度和行为规范。

一、 大学生性意识的发展阶段

一般认为大学生性意识的发展，大体经历性疏远、性亲近和恋爱三个阶段：

1. 性疏远期

处于青年初期的学生对性的差别很敏感，性别角色越来越明显。孩提时代两小无猜的男女伙伴开始疏远了，在日常生活和学习中，男女学生很少说话，不理不睬，如同路人，各自心理却产生不安和羞涩。这种男女界限的出现，标志着男女学生性意识的觉醒，刺激他们产生对异性之间接触的好奇感，也使他们渴望了解许多关于男女自身及其相互之间的秘密。

生活就是战斗。——柯罗连科

为了在生活中努力发挥自己的作用，热爱人生吧。——罗丹

有意而言，意尽而言止者，天下之至言也。——苏轼

2. 性亲近期

处于青年初期后半段的学生（一般是十五六岁）随着性意识的发展，异性之间的疏远逐渐转变为彼此接近。他们开始注意异性对自己的态度，常以友好的态度对待异性，并在异性面前表现自己，以期望博得异性的好感。这一时期性意识的特点是男女间的相互显示和吸引，表现在注意打扮自己，愿意同异性接触，对异性的关注特别敏感。有的男女生在表现自己的同时，以含蓄的方式表达自己的心意和试探对方的意图，也有的同学干脆以递纸条、写情书来明确示爱。这一阶段性亲近的对象具有广泛性、不稳定性、幻想性，这是性意识发展的一个重要阶段。

3. 恋爱期

处于青年中期的大学生生理发育已基本完成，社会成熟和心理成熟达到较高水平，性心理的发展达到了高峰期，加之社会角色已获得认

同，如大学生未来的职业已定，成才大有希望，“成家”问题也就提上了议程，考虑恋爱、婚姻等问题已成现实，开始进入恋爱期。恋爱期又分为初恋和热恋两个阶段。

对于文化水平较高，情感体验较为丰富的大学生们来说，校园爱情是他们大学生活中重要的一课。大学生们通常反映出的恋爱心理特征是：

(1) 自主性强。在恋爱问题上，个性突出，重感情、易冲动，不受传统习俗的局限。

(2) 恋爱动机简单化。许多大学生在恋爱中较少考虑到将来，他们恋爱，只是因为需要爱和被爱。

(3) 自控力与耐挫力较弱。大学生一旦陷入热恋之中，往往不善于控制自己的情感，对恋爱对象过分依赖，稍有波折就痛苦万分。一旦恋爱受挫，便情绪失控，难以自拔，对学习造成严重影响。

(4) 不成熟性与不稳定性。很多学生对于自己的人生目标和需要，还没有一个很清楚的概念，加之他们在求学期间经济上尚未独立，恋爱过程中感情和思想易变，缺乏妥善处理恋爱中情感纠葛的能力，极易造成恋爱的周期性中断，或对恋爱对象的选择漂泊不定，恋爱的成功率很低。

于是，在大学生心目中，爱情的理想与现实的差距让人感受到一种无以名状的失落。也就是说，总相信有完美的爱情存在，可现实却没有十全十美的恋人，更没有十全十美的自己。而且，由于恋爱能否成功的因素是多方面的，如年龄、外貌、品行、性格、文化、兴趣、爱好、经济状况等，或许只有某方面的相互欣赏和认可就走到了一块，或许也仅仅因为某一点小小的看不惯就分手了。殊不知，要达成多方面的默契是需要时间的，要建立一份永久的爱情与幸福的家庭是需要相互理解、共同努力的。因此，许多大学生在恋爱问题上感到有很多说不明白的心灵困境或心理困惑。

幸福，假如它只是属于我，成千上万人当中的一个人的财产，那就快从我这儿滚开吧！——别林斯基《给博特金的信》

人生不是一种享乐，而是一桩十分沉重的工作。——列夫·托尔斯泰

二、大学生恋爱的心理困境

1. 恋爱心理困境之一

总感到自己缺乏被爱的吸引力。常有一些人为自己还没有恋人而自

卑，认为自己对异性没有吸引力，认为别人瞧不起自己。不敢坦然与异性交往，更怕在异性面前失误，只好用回避与异性接触的办法保护自尊心，并极力掩盖内心深处的痛苦与失落。

上述心理困境形成的原因主要有两个方面：一是自我评价出现偏差。这样的学生往往过于关注别人对自己怎么看，却从未认真考虑过如何给自己一个客观的评价。二是对恋爱吸引力的误解与科学认知的缺乏。表面上看似乎人们的择偶心理倾向于外在魅力，实际上性格、才能、心理相容、人品和兴趣爱好更具吸引力。随着年级的升高，大学生们对选择恋爱对象的条件越来越实际，一般不会再“跟着感觉走”，也不会只在乎“曾经拥有”。

所以，对于有这种心理困境的大学生来说，应从各方面寻找自己的长处，挖掘和排列一下自己能吸引他人的闪光点及特征，并学着变换一下思维方式，用自己的优点与别人的缺点去对比，以增强自信、悦纳自己；其次，学会辩证地思考问题，看到事物的两面性。一个人是否对异性有吸引力，是否在大学期间拥有如意恋人，并不意味着你今后的生活如何。“迟到的爱”也许才是真爱，早到的爱也许会提前消失。

2. 恋爱心理困境之二

能做恋人的异性朋友难寻。这种恋爱心理困境的原因主要在于对友情和恋情的认识还很简单，并缺乏对社会中人际关系的科学认识，更证实了大学生的性心理发育的确滞后于性生理的成熟。当然，也不排除由于社会的快速发展与观念更新所形成的复杂人际关系对大学生们的影响及心理冲击。

3. 恋爱心理困境之三

不知如何去面对恋爱中的“性”。大学生的性生理发育已经成熟，当爱情遭遇性时，不知如何处理。“性”其实是一种文化，一谈起“性”，许多人会很自然地联想到一个男人和一个女人性器官的交合行为（性交）。这种理解不能算错，但只是对性的狭义的理解。对于人类来说，性交行为本身并不能涵盖性的丰富、深刻的内涵，因此，当我们谈到“性”的时候，不能不包括参与性活动的双方作为一个有性别的人的

人生的快乐和幸福不在金钱，不在爱情，而在真理。即使你想得到的是一种动物式的幸福，生活反正也不会任你一边酗酒，一边幸福的，它会时时刻刻猝不及防地给你打击。

——契诃夫

全部内容，也就是说，人类的“性”关心的不仅是性交行为本身，而且还包括什么人、对于谁、出于什么动机、在何时何处、以何种方式、进行什么样的性活动。

性的成长有如下五方面的涵义：一个人学习如何成为一个男人或女人的全部过程，一个人对于自己身为男人或女人的感觉与态度，一个人身为男人或女人的一切想法、经验和行为表现，一个人与同性及异性的交往方式，一个人与同性及异性所建立的关系模式。性的成长，是一个逐渐学会理解生命、感悟生活的过程。生殖健康、性心理健康和人格的健康与否，将决定能否获得正常、幸福的生活。

由此看来，作为一名大学生，我们必须培养健康的恋爱心理与行为，让自己更加成熟，更少地伤害自己与他人。而如何做到这一点呢?

匹夫不可以不慎取友。友者，所以相有也。——荀子

受到痛苦，我就叫喊，流眼泪；遇到卑鄙，我就愤慨；看到肮脏，我就憎恶。在我看来，只有这才叫生活。——契诃夫

三、 大学生如何正确对待恋爱

1. 树立正确的恋爱观

提倡志同道合的爱情，要摆正爱情与事业的关系，懂得爱情是一种相互理解，是一种相互信任，是一份责任和奉献。

2. 发展健康的恋爱行为

恋爱言谈要文雅，讲究语言美；恋爱行为要大方得体；恋爱过程中要平等相待，善于控制感情，理智行事。

3. 培养爱的能力与责任

一个人心中有了爱，在理智分析之后，要敢于表达、善于表达，这是一种爱的能力。一个人面对别人的施爱，能及时准确地对爱做出判断，并做出接受、谢绝或再观察的选择，这也是一种爱的能力。对自己不愿或不值得接受的爱应有勇气加以拒绝。拒绝爱要注意两个方面：一是在并不希望得到的爱情到来时，要果断、勇敢地说“不”，如果优柔寡断或屈服于对方的穷追不舍，发展下去对双方都是不利的。二是要掌握恰当的拒绝方式，珍重每一份真挚的感情是对他人的尊重，也是一种自珍，同时亦是对一个人道德情操的检验。发展爱的能力，就是要培养无私的品格和奉献精神，要培养善于处理矛盾的能力，有效地化解恋爱中的矛盾纠纷，对恋人负责，对自己负责。

4. 提高恋爱挫折承受能力

大学生的恋爱受多种因素的制约，因而在追求爱情的过程中遇到各种波折在所难免。单相思、爱情错觉、失恋等恋爱心理挫折对大学生的心理承受能力就是一种考验。如果承受能力较强，就能较好地应付挫折，否则就有可能造成不良后果。因此，提高恋爱挫折承受能力对大学生的心理健康是非常重要的。当爱情受挫后，要用理智来驾驭感情，通过增强理智感，分析原因，总结经验教训，寻找解决问题的方法和途径，在新的追求中确认和实现自己的价值，从而提高自己的心理承受能力和思想水平。通过适当的情绪调节、宣泄和转移来减轻痛苦。

人对失恋的应对方式反映了一个人心理成熟水平和恋爱观。一个人能够理智地从失恋中解脱出来，往往会使自己变得更加成熟。

爱情，是很美好的事情。在这里，希望同学们摆正自己的爱情观，正确处理自己在恋爱中遇到的问题，更好地成熟起来，让恋爱心理更加健康。

益者三友，损者三友。友直，友谅，友多闻，益矣。友便辟，友善柔，友便佞，损矣。

——孔子：《论语·述而》

当一个人用工作去迎接光明，光明很快就会来照耀着他。

——冯学峰

欲事之速成，则急遽无序，而反不达。
——朱熹

享有极端的自由——这是一件危险的和有害的事情。没有纪律，就既不会有平心静气的信念，也不能有服从，也不会有保护健康和预防危险的方法。
——赫尔岑

第六章 学会生存

第一节 求职从大一开始

在无边无际的太平洋中，一艘航船和一块木板相遇了。木板问航船：“你要到哪里去?”航船回答说：“我要到墨西哥湾，你呢?”木板说：“我？我也不知道我要到哪里去。”“什么?”航船有些急了，“在这广阔的海洋中你却在漂泊。”木板无所谓地说：“我已经从印度洋漂到了太平洋，还不是在走。”航船问：“可是太平洋是你要去的地方吗?”“你倒是提醒了我，其实我一直想去非洲的好望角。”“没有方向的努力只能是漂泊，永远也到不了自己要去的地方。”说完航船就朝着自己的方向继续前进。

中国有句古话“凡事预则立，不预则废”，如果要用一个形象的比喻来表达的话，职业生涯规划就好比探索旅程中的航海图！它会帮助航海者最终完成最经济、最完美的旅程。你的人生要想成功，就离不开职业生涯规划！

当我们离开学校进入社会时，我们就要驾驶着自己的人生之舟开始在职业的海洋中航行或者漂泊。我们可以选择像航船一样航行，也可以选择像木板一样漂泊。而决定这两者的只是你行驶的目标、朝向的方向及前行的航线。对于许多大学生来说，职业生涯规划是一个比较模糊的概念，或不知所云，或无从下手，或望而却步，以至于很多大学生进入职业岗位后后悔当初没有进行职业生涯规划。

“生涯”一词在英文中是“career”，有人生经历、生活道路和职业、专业、事业的含义。“career” 一词有广义、狭义两个含义。人的一生，有“衣、食、住、行”这些生活基本要素；有工作和休闲娱乐的不同方式；有爱情、婚姻、家庭的经历。这些都发生在人生之中，可以看做是广义的“生涯”。如果把生涯看做是与个人终身所从事工作或职业等有关活动的过程，那么职业生涯则是对生涯的狭义理解，专指个体职业发展的历程，也指个人一生中所扮演的系列角色与职位。职业生涯一般是指一个人终身经历的所有职位的整个历程，是生涯的核心内容。所谓职业生涯，就是一个人一生的职业轨迹。职业生涯规划，就是根据自己的条件，并考虑社会的制约因素，对自己未来的职业做一个安排。要想事业有成，大学生必须从进校起就要规划自己的职业生涯，尽早地树立职业的概念与理想，并运用科学的方法制定切实可行的措施，发挥个人的专长，开发自己的潜能，以获得事业的成功。

一方面，职业生涯是一个漫长的过程，其间充满了无数的变数，职业规划自然也就是一个动态的、长期的过程，不可能一蹴而就、一步到位，所以“定体则无”，大学生没必要将职业规划做得过于深入、细致。事实上，让一个大学生完全想好毕业以后去哪座城市、哪个行业、哪类企业从事哪个具体的职位，这也是不现实的。另一方面，大学生又应该“大体须有”，对职业生涯做一个大概的、轮廓性的规划，知道自己究竟喜欢从事哪方面的工作，找出一个大的方向来，大学期间的学习和社会实践都沿着这样一个方向展开。

在进行职业生涯规划之前，有以下几个问题是需要考虑的：

(1) 生活理念。你希望过一种什么样的生活？换句话说，什么对你最重要？如家庭、名声、事业或者金钱。

(2) 特长。所谓特长，是指一个人的特殊才能。在规划自己的职业生涯时，应该选择能够发挥自身特长的职业，这样才能在职业发展中抢得先机。

(3) 专业能力。专业是一个人选择职业技能的基础。在选择职业时每个人都应该多想想这样一些问题：我想干什么？我能干什么？我应该干什么？我会选择什么？我绝对要拒绝干的又是什么？

(4) 职业分析。首先是对自身进行分析，力求全面客观地对自己进

自由是做法律所许可的一切事情的权利。——孟德斯鸠

我们要想实现自己的人生，应该把我们生命中过去与将来间的关系、时间全用在人生方面的活动，不用在兽欲方面的冲动。——李大钊

三人行，必有我师焉：择其善者而从之，其不善者而改之。——孔子

一个人只有物质生活没有精神生活是不行的；而有了充实的革命精神生活，就算物质生活差些，就算困难大些，也能忍受和克服。

行综合评价；其次是对职业进行分析，以此判断一种职业的发展趋势，以及其对知识和人的素质的相应要求。这样，在规划自己的职业生涯时就能够根据职业需要进行自我调整。

总之，每个人要在一定程度上把握自己的前途，都有必要对自己的职业生涯做出切合实际的规划。

带着对这几个问题的思考，我们可以简单地尝试下面这个“六步职业生涯规划法”。这是一个简单的职业生涯规划的步骤描述，它虽然不能帮助你立刻获得期望的答案，但是却可以使你掌握一些进行职业生涯规划的基本方法，并找到一些规划的感觉。

第一步，确定职业目标。这是职业生涯规划的核心。判断自己心目中的职业是哪种类型，是不断进取、永攀高峰，还是安稳生活、自由自在？确定自己想要什么，才会沿着这个方向去努力。设定职业生涯目标也可分步骤，即短期：1～2年；中期：3～5年；长期：5～10年。这样，经常调适在不同阶段的个人兴趣，使之与目标相吻合，从而使方向更明确。

第二步，自我评价。个人的兴趣、特长、性格、学识、技能、智商、情商、思维方法、道德水准及社会自我等在职业选择中起着非常重要的作用。因此，你需要仔细思考，也可以通过一系列恰当的测评，比如行为风格测评、职业兴趣测评等，帮助你获得更多关于自己的信息，从而更深刻地了解自己的需要和潜力，并发现你在寻求什么样的职业，你想从职业中获得什么？

第三步，环境评估。即“环境支持或允许你干什么？”这种环境支持在客观方面包括组织环境、政治环境、社会环境、经济环境、职业空间等，主观方面包括同事关系、领导态度、亲戚关系等。以上这些因素应该综合起来分析。有时我们在做职业选择时常常忽视主观方面的因素，没有将一切有利于自己发展的因素调动起来，从而影响了自己的职业切入点。但是，在国外通过同事、熟人的引进而找到工作是最正常也是最容易的，它和一些不正常的“走后门”等歪门邪道有着本质的区别，这种区别就是这时的环境支持是建立在自己的能力之上的。

第四步，职业的选择。通过自我评价和环境评估，认识自己，分析环境，在此基础上才能对自己的职业做出比较正确的选择。既要充分考虑到性格与职业的匹配、兴趣与职业的匹配、特长与职业的匹配，也要充分考虑到内外环境与职业的匹配；并认真思考我想往哪一路线发展？我能往哪一路线发展？我可以往哪一路线发展？一个人职业的选择或定位最根本的还要归结于他的能力，而他职业发展空间的大小则取决于自己的潜力。

第五步，制订学习、培训计划，并付诸行动。在确定了职业目标后，行动便成了关键的环节。通过一套周密的行动计划，并辅以考核措施。这些计划要特别具体，以便于定时检查。

第六步，评估与反馈。影响生涯规划的因素很多，对职业生涯规划的评估与修订也很有必要，这时你需要不断地重新审视自己，重新选择职业、职业生涯路线，修订人生目标，实施措施与计划的变更。

正是因为形势变化太快，人们才有必要做职业规划；否则，如果像老辈人一样，一辈子只从事一个不变的职业，自然就谈不上职业发展规划了。大学生如果从刚进大学开始就自觉地进行自我探索，了解专业与职业发展环境，确定一个职业发展目标并制订一个行动方案，那么，在毕业时就不会有太多的迷茫与困惑！

人生绝非是缥渺的梦幻，在人生的原野里洒多少汗珠，就会有多少收获。对辛勤的耕耘者来说，人生永远是可爱的。——佚名

读万卷书，行万里路，胸中脱去尘浊，自然丘壑内营。——董其昌

第二节　个性必须符合社会规范

在本书中，我们用了许多的篇幅，喋喋不休地来阐述礼仪、心理、个人修养和纪律，我们不希望因此而引起同学们逆反的心理。但是，在你们毕业走上工作岗位以后，作为社会成员和企业的员工，法律范围之外的一切个人的行为，必将受到社会道德规范和企业制度的约束，个性必须符合社会规范。因此，我们在下面节选了某著名企业员工礼仪手册的部分内容，供你们参照使用。我们真诚地希望同学们通过三年的大学学习和校园文化的熏陶，真正成为一个受企业欢迎的上进心强、专业性强、适应性强的高素质、高技术水准的人才。

为着阶级和民族的解放，为着党的事业的成功，我毫不稀罕那华丽的大厦，却宁愿居住在卑陋潮湿的茅棚；不稀罕美味的西餐大菜，宁愿吞嚼刺口的苞粟和菜根；不稀罕舒服柔软的钢丝床，宁愿睡在猪栏狗窠

首先，该公司规定了公司内部应有的礼仪，有以下三条：

第一条　职员必须仪表端庄、整洁。具体要求是：

1. 头发：职员头发要经常清洗，保持清洁，男性职员头发不宜太长。

2. 指甲：指甲不能太长，应经常修剪。女性职员涂指甲油要尽量用淡色。

3. 胡子：胡子不能太长，应经常修剪。

4. 口腔：保持清洁，上班前不能喝酒或吃有异味的食品。

5. 女性职员化妆应给人清洁、健康的印象，不能浓妆艳抹，不宜用香味浓烈的香水。

第二条　工作场所的服装应清洁、方便，不追求修饰。具体要求是：

1. 衬衫：无论是什么颜色，衬衫的领子与袖口不得污秽。

2. 领带：外出前或要在众人面前出现时，应佩戴领带，并注意与西装、衬衫颜色相配。领带不得肮脏、破损或歪斜松弛。

3. 鞋子应保持清洁，如有破损应及时修补，不得穿带钉子的鞋。

4. 女性职员要保持服装淡雅得体，不得过分华丽。

5. 职员工作时不宜穿大衣或过分臃肿的服装。

第三条　在公司内职员应保持优雅的姿势和动作。具体要求是：

1. 站姿：两脚脚跟着地，脚尖离开约45度，腰背挺直，颈脖自然伸直，头微向下，使人看清你的面孔。两臂自然下垂，不耸肩，身体重心在两脚中间。会见客户或出席仪式站立场合，或在长辈、上级面前，不得把手交叉抱在胸前。

2. 坐姿：坐下后，应尽量坐端正，把双腿平行放好，不得傲慢地把腿向前伸或向后伸，或俯视前方。

要移动椅子的位置时，应先把椅子放在应放的地方，然后再坐。

3. 公司内与同事相遇应点头行礼表示致意。

4. 握手时用普通站姿，并目视对方眼睛。握手时脊背要挺直，不弯腰低头，要大方热情，不卑不亢。伸手时同性间应先向地位低或年纪轻的，异性间应先向男方伸手。

5. 出入房间的礼貌：进入房间，要先轻轻敲门，听到应答再进。进入后，回手关门，不能大力、粗暴。进入房间后，如对方正在讲话，要稍等静候，不要中途插话，如有急事要打断说话，也要等待机会。而且要说："对不起，打断你们的谈话。"

6. 递交物件时，如递交文件等，要把正面、文字面朝对方递上去，如果是钢笔，要把笔尖向自己，使对方容易接着；至于刀子或剪刀等利器，应把刀尖向着自己。

7. 走通道、走廊时要放轻脚步。无论是在自己的公司，还是在被访问的公司，在通道和走廊里不能一边走一边大声说话，更不得唱歌或吹口哨等。

8. 在通道、走廊里遇到上司或客户要礼让，不能抢行。

其次，该公司规定了日常业务中的礼仪，有以下两条：

第一条　正确使用公司的物品和设备，提高工作效率。

1. 公司的物品须爱惜，不能随意损坏，野蛮对待，挪为私用。

2. 及时清理、整理账簿和文件，对于墨水瓶、印章盒等使用后及时盖上。

3. 借用他人或公司的东西，须征得同意，使用后及时送还或归放原处。

4. 工作台上不能摆放与工作无关的物品。

5. 公司内以职务称呼上司。同事、客户间以先生、小姐等相称。

6. 未经同意不得随意翻看同事的文件、资料等。

第二条　正确、迅速、谨慎地打、接电话。

1. 电话来时，听到铃响，至少在第二声铃响前取下话筒。通话时先问候，并自报公司、部门。对方讲述时要留心听，并记下要点。未听清时，应及时告诉对方。结束时礼貌道别，待对方切断电话，自己再放话筒。

2. 通话要简明、扼要，不得在电话中聊天。

3. 对不指名的电话，自己不能处理时，可坦白告诉对方，并马上将电话交给能够处理的人。在转交前，应先把对方所谈内容简明、扼要地告诉新的接听者。

才德有如宝石，最好用素净的东西镶嵌。
——《培根论说文集》

我们不得不饮食、睡眠、恋爱，也就是说，我们不得不接触生活中最甜蜜的事情；不过我们必须不屈服于这些事物。
——约里奥·居里

4. 工作时间内，不得打私人电话。

第三，该公司规定了与客户的业务礼仪，有以下三条：

第一条　接待工作及其要求。

1. 在规定的接待时间内，不迟到、不缺席。

2. 有客户来访，应从座位上站起来招呼接待，并让座。

3. 来客多时应按先后次序接待，不能先接待熟悉客户。

4. 因有紧要事项需先接待后来客人的，须向先到客人简要说明原因，征得同意。

5. 对事前已通知来的客户，要表示欢迎。

6. 应记住常来的客户。

7. 接待客户时应主动、热情、大方、微笑服务。

第二条　介绍和被介绍的方式和方法。

1. 无论是何种形式、关系、目的和方法的介绍，介绍时应热情、大方、礼貌。

2. 在直接见面介绍的场合下，应先把职位低者介绍给职位高者，若难以判断，可把年轻的介绍给年长的。在公司间的介绍上，可把本公司的人员先介绍给其他公司的人员。

3. 把一个人介绍给很多人时，应先介绍给其中职位最高的或酌情而定。

4. 男女间的介绍，应先把男性介绍给女性。男女地位、年龄有很大差别时，若女性年轻，可先把女性介绍给男性。

第三条　名片的接收和保管。

1. 名片应先递给长辈或上级。

2. 把自己的名片递出时，应把文字向着对方，双手拿出，一边递交一边清楚说出自己的姓名。

3. 接对方的名片时，应双手去接，拿到手后，要马上看，正确记住对方姓名后，将名片收起。如遇对方姓名有难认的文字，应马上询问。

4. 对收到的名片要妥善保管，以便检索。

历览前贤国与家，成由勤俭败由奢。
——李商隐：《咏史》

你不见美貌的青年穿戴过分反而折损了他们的美吗？你不见山村妇女，穿着朴质无华的衣服反比盛装的妇女美得多吗？
——达·芬奇

第三节 大学生安全

大学生活是大学生进入社会开始独立人生的第一站。随着我国高等教育的迅速发展，高校办学规模不断扩大，校园社会化现象日趋明显，一些治安案件、危及大学生人身财产安全的案件、诱发大学生违法犯罪的案件等在大学生中也时有发生。须加强对大学生进行安全防范教育和遵纪守法教育，进一步提高其安全防范意识，使其掌握安全防范知识，加强自我安全保护，积极参与学校安全管理，共同维护和营造学校安全、稳定的发展环境。

一、 大学生的财产安全

1. 大学盗窃案件的主要形式及应对措施

大学盗窃案件是指以大学生的财物为侵害目标，采取秘密的手段进行窃取并实施占有行为的案件。作案重点地点是学生宿舍。因此，大学生，特别是新生要自觉提高防范意识，加强对自身财物的保护，不给犯罪分子可乘之机，从而减少盗窃案发生，避免财产损失。

通过对大学生中一些常见案件分析来看：一些大学生虽然文化知识较高，但因他们踏入社会较晚，社会经验不足，缺乏安全防范意识，法制观念淡薄，从而导致一些案件的发生。统计表明：发生在大学生中的失窃和上当受骗案件占治安案件总数的75%以上。而这些案件绝大多数是由大学生自身安全防范意识淡薄、思想麻痹、财物保管不当、轻信他人、交友不慎等诸多因素诱发的。由此发生的案件，造成学生的财产损失甚至危及大学生的生命安全。如：宿舍里的学生没有养成随手关门、锁门的习惯；夏季开门休息；高档贵重物品如手机、笔记本电脑等随意乱放。另外，现金不及时存入银行或将存折密码告诉他人、将存折与身份证放在一起等一系列疏忽也可能给犯罪分子提供便利而引发犯罪。

大学盗窃案件的主要形式归纳起来有：内盗、外盗和内外勾结盗窃。大学盗窃案件还具有一些共同特征：

（1）时间上的选择性。作案人为了减少违法犯罪风险，在作案时间

一个人，如果过分地追求吃喝玩乐，整天沉湎于个人主义的小天地，那么他所追求的东西就难免有一天要成为沉重的负担，使自己深陷泥潭而不能自拔。

——吴运铎：《让植根于现实的理想闪闪发光》

上往往大多在作案地点无人的空隙实施盗窃，如上课时间（宿舍无人，是外盗作案的高峰期）、课间时间（利用课间休息在盗窃得手后继续回教室上课，给人以没有作案时间的假象）、夜间熟睡后（学生睡觉时不关寝室门窗给小偷创造了有利条件）、新生入校时（由于彼此不熟悉，防范意识差，给作案分子以可乘之机）、军训及学校举办大型活动、校园发生和处置突发事件时（人们的注意力集中在某一点而无暇顾及其他，盗窃分子乘虚而入，浑水摸鱼）等。

(2) 目标上的准确性。作案人的目标比较准确。由于同学们每天的生活、学习都在同一个空间，互不存在戒备心理，东西随便放置，贵重物品乱放或不上锁，使得作案分子盗窃时极易得手。

(3) 手段上的多样性。盗窃分子往往针对不同环境和地点，选择对自己较为有利的作案手段，如顺手牵羊、乘虚而入、窗外钓鱼、翻窗入室、撬门扭锁、盗取密码等。

俭朴的生活，不但可以使精神愉快，而且可以培养革命品质。——徐特立

纯朴是艺术作品的必不可少的条件；就其本质而言，它排斥任何外……——《别林斯基论文学》

发生盗窃案件后首先要保护现场，及时报案。一旦发生被盗案件后，不要惊慌失措，要及时向学校保卫部门报告，并且要迅速组织在场人员保护好现场，不得先翻动、查看自己掉了什么东西，否则将现场有关的痕迹物证破坏了，不利于调查取证。其次，如果发现可疑人员，一定要沉着冷静，上前盘问，并设法将其稳住，必要时组织学生围堵，及时向学校保卫部门报告，防范盗贼狗急跳墙，伤及学生；在当场无法抓获盗贼的情况下，应记住盗贼的特征，包括年龄、性别、身高、胖瘦、相貌、衣着、口音等，以便向公安保卫部门提供破案线索。再次，及时报失，配合调查，知情人员应当积极配合公安保卫部门的调查取证工作，千万不要"事不关己，高高挂起"，贻误了破案的最好时机，使犯罪分子逍遥法外继续害人；如发现存折被盗，应当尽快到银行挂失。

2. 大学诈骗案件的表现形式及应对措施

当前，大学生及其家长上当受骗的事件屡屡发生。一直以来，针对在校大学生的诈骗手法层出不穷，现将了解到的诈骗方式方法归纳总结，提醒大学生及其家长谨防上当受骗，以免造成不必要的人身、财产损失。

(1) 利用手机进行诈骗，这种诈骗主要欺骗学生家长。犯罪分子利

用所掌握的学生和其家长的手机号码，趁学生关机、暂时无法接通时，或冒充公安人员借口案件调查等手段让学生手机关机，谎称学生遇到危险，或留学急需缴费等，让学生家长向指定账户汇钱。

防骗术：手机号码不要经常更换，个人及家庭信息要保密。以自己为中心，让关系最近的亲戚朋友，特别是家长、老师、同学多方保持互动沟通。家长要掌握辅导员、孩子同寝室同学或关系亲密同学的手机号码，联系不上孩子时及时与辅导员或其同学沟通，以免上当受骗。

(2) 利用大学生勤工俭学及课外兼职需要实施诈骗，方式很多。

第一种骗术，兼职销售。以“利差”做诱饵让受骗学生购买所谓“推销商品”，然后出售赚钱，结果发现商品都是假冒伪劣及过期废旧产品，根本卖不出去。

第二种骗术，兼职模特。以“拍广告、拍影视剧”的名义让受骗学生缴纳中介费、形象设计费、保证金等各种各样的费用，当你发现被骗时，已追讨无望。

第三种骗术，兼职文字录入。这是长沙某高校大二女生唐静的遭遇，骗子谎称“某文艺出版社”小说稿件需文字录入，录1万字可得1000元报酬，但事先得缴纳订金、快递费、个人所得税、保密押金等，直到你发现上当受骗为止。

第四种骗术，兼职手工制作，有手工编织、手工绘制、手工绣制等。这些骗术有一个共同的前提，事先都需缴纳材料费、技术指导费、物品保证金等名目繁多的各项费用。当你制作完工准备交出成品和领取报酬时，麻烦来了，会被以“产品不合格、客户退货”等种种理由拒收，“公司”人去楼空者也常有。

第五种骗术，以“临时用工”赚取学生廉价劳动力。这种骗术以“散发广告传单、站门、跑腿、出力”等为主，结算时事先讲好的报酬常被打折或不兑现，因为没有协议，拿骗子也没办法。

第六种骗术，收取中介费，然后胡乱安排兼职，不退中介费。

防骗术：需事先交钱的兼职一般不要接，书面协议虽然很重要，但也不能完全信，需要兼职者个人多加警惕。

味；但一个人的健康与茁壮则须由另外的标志来识别；只有在一个劳动者粗布衣服下面，而不是在一个嬖幸者的穿戴之下，我们才能发现强有力的身躯。

——卢梭：《论科学和艺术》

真正的美，是美在它本身能显出奕奕的神采。爱好时髦是一种不良的风尚，因为她的容貌是不因她爱好时髦而改变的。——卢梭：《爱弥儿》

夫君子之行，静以修身，俭以养德，非淡泊无以明志，非宁静无以致远。——诸葛亮：《诫子书》

（3）传销诈骗。

传销陷阱防不胜防，人们深恶痛绝，却又“欲罢不能”。有的以“实物”传销，有的拿“概念”传销（如近期出现的“创业加盟”），有的直接用“钱”传销，共同特点都是利用亲情、友情实施诈骗。而针对大学生的传销诈骗只是在形式上进行了“包装”，“诱饵”尽可能适合大学生的“口味”，先用各种手段将人骗进去，限制自由，然后威胁、利诱，直到套出钱为止。

防骗术：如果一不小心跌入传销陷阱，请注意以下几点：第一不要慌张；第二不要暴力对抗，可以假装顺从；第三不要被洗脑；第四坚决不掏钱。任何时候都要把亲情和友情放在神圣位置，不要被物欲和利益玷污。

（4）消费贷款诈骗。

第一种骗术，利用电子产品小额消费担保贷款政策实施诈骗。无良经营户勾结贷款担保公司个别业务员，以100元或200元“兼职费”做诱饵，提供一大堆陌生的文书引导学生在上面签名。他们用这些学生签有名字的文书套取银行贷款，一个月或几个月之后，签字学生开始被催讨贷款本息，不缴将影响个人征信。

防骗术：大学生属于法律定义的独立民事行为人，必须对自己的行为负责。法治社会重视和尊重个人信誉，千万别拿自己的信誉当儿戏。每当有任何需要填报个人信息，或者需要个人签名的，一定要仔细看一看文本。

第二种骗术，信用卡、银行卡诈骗。这种诈骗都是由于学生用卡不慎、信息泄露造成的。日常消费时，不要冲动乱刷信用卡，不能过度透支。

（5）好心做好事被骗。骗子往往利用大学生的爱心与同情心，以“乞讨”“被偷被抢”“寻亲不遇”“遭遇事故”等种种借口向学生要钱要物，遇到这种情况时，要仔细分辨，提供帮助时也要坚持力所能及的原则。

（6）购物被骗。一些学生在购买日常的生活用品、紧俏物资等商业活动中，一味追求物美价廉，而对推销人和推销过程缺乏必要的安全意识和防备，常常被骗，枉费钱财。特别是网上购物，近期大学生网上购物被骗案件呈高发态势，特别需要加以警惕。

案例一：购买二手货。小王想买一台二手iPad。他在某购物网站的某家店里看中一款，只要700元。小王欣喜若狂，赶忙与卖家取得联系，并通过网银转给店主700元，店主承诺马上发货。两天后的上午，小王接到一个自称是物流送货员的电话，电话里的那名男子告诉小王：扫描显示其购买的货物可能是走私品，需要先缴纳保证金才能送货，并说送货后保证金会全部返还。小王信以为真，就又汇给对方4000元。但是钱汇了之后就再也联系不上卖家和所谓的“送货员”了。

警方提醒：① 网购一定要选择正规网站，利用阿里旺旺等官方交流账号与店主交流，不要答应卖家用QQ、微信等方式，若卖家提出类似要求，应引起警惕。支付也请尽量选用第三方支付平台支付，不要直接汇款给卖家指定账号，这样风险太大。② 声称货物为走私品、包裹藏毒等要求汇保证金的，基本上可以认定为骗局，不可轻信。

案例二：兼职刷信誉。上大学后学业压力并不大，于是小李想用在校业余时间赚点外快，便上网搜索兼职信息，一条广告吸引了小李的眼球：“你好！急聘：网络兼职，工作时间、地点不限，薪酬即时结算！加客服QQ:××××××。”反正平时在宿舍上网也没什么事情，既然不限地点、时间，小李当然愿意做这个兼职，于是他便通过自己的QQ添加对方为好友后，接着对方向小李发来了公司简介，声称自己为一家专业代刷信誉的网络公司，只要按时完成他们的代刷信誉的任务，在网络上购买商家的商品，一旦确认完成交易就可以马上返还本金并支付佣金。小李平时也经常网购，自然知道“信誉”对商家的重要性，于是欣然接受了对方的兼职邀请。首先对方让小李通过支付宝，在一家贩卖游戏点卡的网店内购买100元的充值卡，首单任务为拍60件商品，每20件为一拍，做满三次就可以返还本金和佣金。小李信以为真，随即拍下60件（即60张100元充值卡），并按对方要求向某游戏服务器指定账号内进行了充值。后对方以小李前三次付款的任务卡单需要重新激活任务为由，让小李继续购买60件商品。于是小李又购买了60件，此后对方又以

遇到坏床的办法。一般地说，艰苦的生活一经变成了习惯，就会使愉快的感觉大为增加，而舒适的生活将会带来无限的烦恼。

——卢梭：《爱弥儿》

我的艺术应当只为贫苦的人造福。这是一种必要性：幸福只能存在于这种必要性得到满足的时候。——罗曼·罗兰

不向用时勤猛省，却于何处味真腴？——朱熹

各种理由对小李提出的返回本金及佣金的要求进行推脱，最终在这一系列的交易中，小李的10000多元打了水漂，有去无回。当小李设法使用QQ联系对方时，竟然发现自己的账号已被对方拉入了黑名单。此时，小李才知被骗。

警方提醒：① 寻找兼职工作，一定要通过有信誉的专业兼职网站，并对兼职信息加以甄别，千万不可被“超高时薪”“躺着也赚钱”之类有噱头的广告词蒙蔽双眼。② 提高保护个人信息的意识，不要随意在网站上填写姓名、手机号、QQ号以及关联到淘宝、支付宝网银的邮箱用户名信息。平日里要对自己的银行网银账户多加关注，最好通过银行开通短信提醒的功能，以确保自己能第一时间掌握银行卡的消费信息。

案例三：淘宝退款。2014年9月4日上午，刚刚开学的小唐在学生公寓里上网，在淘宝上买了一双拖鞋，交易成功并且收到了银行交易的短信。可到了当天晚上的19时40分许，小唐接到了一个男子给她打来的电话，自称是淘宝网上拖鞋店的老板，对方在电话中对小唐说他没有收到小唐买拖鞋的钱，问小唐有没有付，小唐说已经付了。对方说先把钱退给小唐，让小唐再支付一次。然后对方给小唐发了一个短信，短信上给了小唐一个网址，让小唐在上面输入个人信息，然后对方就给小唐退钱。小唐在对方给的网页上按要求输入了个人的信息、银行卡号和密码。过了会对方又打电话给小唐，让小唐把收到的验证码告诉对方，小唐便不假思索地直接报给了对方。这时，小唐的一个室友听到小唐在说验证码就感觉不对，就走到小唐身边提醒了她。但为时已晚，小唐的手机接到了银行短信提示，称小唐的银行卡上已被转走4300元，余额18元。

警方提醒：网购时一定要谨慎，如遇上述情况时一定要主动联系店主，鉴别真伪。同时当有人要你的银行卡号和密码时应引起警觉，验证码则更是无论如何都不能告诉别人。

大学生受骗后首先要保持平静心态，及时报案，受害人无论是否因为自己的过错如贪财、无知、轻信、粗心大意等而上当受骗，都要保持积极的心态，及时向学校保卫部门报告，切勿“哑巴吃黄连，有苦肚里咽”，而要从受骗的噩梦中回到现实，吸取教训。其次，要提供线索，

配合调查，要注意对作案人员遗留下来的文字资料、身份证件、电话号码等证据予以保留，并积极向学校保卫部门和公安机关提供诈骗嫌疑人的体貌特征、与其交往的经过等线索，配合调查，追缴被骗的财物。

二、 大学生的人身安全

1. 大学抢劫案件的特点及应对措施

大学抢劫案件是指以非法占有为目的，以大学生为侵害目标，使用暴力胁迫或其他的方法强行劫取财物的行为。大学生涉世不深，缺乏社会经验以及遇险被抢劫后大多数不敢反抗，往往成为犯罪分子选择的对象。抢劫案件在一定情况下还容易转化为凶杀、伤害、强奸等恶性案件，给被害人带来精神伤害，甚至危及生命安全，严重影响大学生正常的学习和生活，具有更大的危害性。

大学抢劫案件的特点归纳起来有：

(1) 时间上的规律性。抢劫案件一般发生在行人稀少、夜深人静及学校开学之初，特别是新生入学时，具有一定的规律性。开学时，同学们一般带有一定数量的现金，尤其是新生入学时，不少新生和家长带有较大数额的现金，为犯罪分子所垂涎。

(2) 地点上的隐蔽性。校园内较为偏僻或校园周边地形复杂、人少及夜间无路灯的地段是犯罪分子选择的重点，得手后容易逃脱。

(3) 目标上的选择性。穿着时髦、携带贵重财物、单身行走及在无人地带谈恋爱的大学生情侣等是犯罪分子抢劫的首要目标。

(4) 手段上的多样性。犯罪分子抓住部分同学害怕的心理，对被侵害对象进行暴力威胁或语言恫吓，实施胁迫性抢劫；利用大学生热情好客的特点，冒充老乡或朋友，骗取同学的信任，继而寻找机会用药物将同学麻醉，实施麻醉型抢劫；采用殴打、捆绑等行为实施暴力型抢劫；利用部分同学单纯幼稚，诱骗大学生上当，实施诱骗型抢劫等。

大学生遭遇抢劫时一要沉着冷静，保持镇定，克服畏惧和恐慌情绪；二要巧妙周旋，在力量悬殊时不蛮干，看准机会反抗或逃脱；三要把握机会，大声呼救，有效控制抢劫行为的进一步发展；四是留下印记，一旦遭遇抢劫，要注意观察作案人的身高、年龄、发型、体态、衣

上人生的旅路罢，前途很远，也很暗。然而不要怕。不怕的人的面前才有路。
——有岛武郎

人生虽只有几十春秋，但它绝不是梦一般的幻灭，而是有着无穷可歌可颂的深长意义的；附和真理，生命便会得到永生。
——泰戈尔

人才进行工作，而天才进行创造。

——《舒曼论音乐与音乐家》

年轻人必须注意。要在革命斗争中选择革命的对象，在这个问题上也常常表现出一个人的政治品质。不要把它摆在不适当的地位，必须严肃对待它。

——王若飞

着、胡须及特殊语言、行为等，并准确记下其特征，还可以趁其不备在其身上留下暗记，便于为公安机关侦破案件提供线索。

2. 大学性侵害案件的主要表现形式及防卫措施

大学性侵害是指以女大学生为目标，以暴力、胁迫或其他手段，违背女大学生意志，占有或玩弄女性的行为。对女大学生的性侵害，不仅使被害人的身心受到伤害，而且还会使被害人的人格尊严受到侮辱，还有可能导致女大学生精神崩溃，甚至还会导致自杀等严重后果。

大学性侵害的主要表现形式归纳起来有以下几种：

(1) 暴力型侵害。这类性侵害的主体多是校外人员，他们往往采用欺骗手段取得女大学生的信任，一旦女大学生处于孤立无援的状态下，他们就会使用凶器威胁、殴打等暴力方式迫使被侵害人就范，若遇反抗，则有可能剥夺被侵害人的生命。

(2) 胁迫型侵害。这类性侵害的主体利用自己的权势、地位、职务等，对女大学生采用利诱、威胁、恐吓，如曝光隐私、毁坏名誉等手段，对其进行精神控制，迫使其不敢反抗而就范。

(3) 网恋型侵害。作案人在网络聊天中用花言巧语给那些正处于感情迷茫时期的女生以极大的诱惑，一旦见面便实施强奸。

(4) 社交型侵害。也被称作“熟人强奸”“沉默强奸”“酒后强奸”等。因为性侵害的主体大多是熟人，与受害人约会的一般是同学、同乡、朋友，有的甚至是男朋友。受害人受到伤害后，往往出于各种考虑而不敢揭发。

在现实生活中，女大学生可能被侵害的主要情形有：

(1) 家教。有的女大学生找家教不是通过正规的中介机构去联系，而是仅凭张贴的招聘广告自己去联系，不了解对方家庭成员、社会背景等情况，毫无警惕意识。

(2) 求职。作案分子利用女大学生急于找工作的心理，取得女大学生的信任和崇拜，然后找机会对女大学生进行侵害。

(3) 交友。不少女生来到陌生的环境，迫切希望得到心灵上的慰藉，但在实际生活中，许多大学生容易把异性间的友谊错当爱情，特别是那些性格活泼，言谈举止轻浮、暧昧的女生更容易使他人产生误解。

发生性侵害时一要头脑清醒，控制情绪，设法使自己沉着冷静，明白性侵害者意图，与其周旋，从而找出摆脱困境的方法；二是明确意愿，态度坚决，有时性侵害行为是性侵害者错误地理解了被害人的意思后发生的，因此，应当恰当而且坚定地表明自己的态度，阻止性侵害行为的发生，尤其是防止熟人之间性侵害行为的发生；三是沉着冷静，机智反抗，被害人要注意了解性侵害者的弱点和周围环境，采取恰当的措施进行反抗；四是采用暴力正当防卫，对犯罪分子身体薄弱部位如脸部、腹部、下身等处进行有效的攻击，从而使其终止侵害行为，为逃脱或获救创造条件。

发生性侵害后首先要及时报案，要打消顾虑，不能因为害怕名誉受损，将苦果自己咽下，从而使更多的女性受害；其次要积极配合调查，将侵害的有关物证保留好，并如实地反映犯罪分子的有关特征，为公安机关破案提供线索；再次要调整好心态，不走极端，不能产生厌世情绪及破罐破摔的心理，走上自甘堕落的道路，应尽快从阴影中走出来。

三、 大学生的日常安全

1. 大学生交通安全

大学生交通安全是指大学生在校园内和校园外的道路上行走、乘坐交通工具时的人身安全。若不注意交通安全，也许只是一个小小的意外，就会造成严重的后果。

大学生交通安全事故的主要表现形式归纳起来有以下几种：

（1）校园内易发生的交通事故。主要原因是思想上麻痹和安全意识淡薄。校园内发生交通安全事故的主要原因有：

① 注意力不集中。这是最主要的原因，表现为走路时边走路边看书或边听音乐，或者左顾右盼，心不在焉。

② 在路上进行球类运动。这增加了发生事故的危险。

③ 骑“飞车”。课间或下课时骑自行车在人海中穿行是大学的一道风景线，有的居然能把自行车骑得与汽车比快慢，殊不知就此已经埋下了祸根。

人不是仅仅为了爱而生存的，难道男人的全部目标就是为了控制某一个女子，而女子的全部目标就是为了左右某一个男子吗？从来不是！

——《赫尔岑论文学》

辛勤的蜜蜂永没有时间悲哀。

——布莱克

(2) 校园外常见的交通事故。大学生在购物、访友、离校、返校、外出旅游、参加社会实践、寻找工作等外出活动中，乘坐各种交通工具，若缺乏通行经验，发生交通事故的概率会很高，有时甚至造成群体性伤亡；有的学生公寓建在校外，每天上课、下课时在校园周边地区形成人流、车流高峰，成为大学生交通事故新的多发地带。

大学生放假在家，骑乘摩托车探亲访友，因驾驶技术生疏、路况不熟，极易发生交通事故，某高校自2007年至今类似交通事故就发生了3起，造成6人死亡，教训深刻。

发生交通事故时，一要及时报案，若在校外发生交通事故，千万不能与肇事者“私了”，除及时报案外，还应该及时与学校取得联系，由学校出面处理有关事宜；二要保护现场，事故现场的勘察结论是划分事故责任的依据之一，若现场没有保护好，会给交通事故的处理带来困难，甚至于造成“有理说不清”的情况；三要控制肇事者，若肇事者想逃脱，一定要设法控制，若实在无法控制也要记住肇事车辆的车牌号等特征。

2. 大学生交往安全

交往是人们通过各种不同的方式进行的人际联系和接触，交往的目的在于传达思想、交流感情。大学生交往的特点表现为交往欲望强烈、交往频率高、交往面广等。

大学生人际交往中存在的安全隐患主要有以下几种表现形式：

(1) 同乡交往。大学生中以乡情为纽带组成的小团体——同乡会，有时也会因情绪的感染或从众心理而带来安全隐患，特别是在介入处理同学矛盾和纠纷中，容易造成群体性事件，甚至群殴。

(2) 涉外交往。在对外交往中大学生的行为代表着国家的形象，如交往不当可能会使国家利益受到损害，同时也会给自己造成伤害。

(3) 网络交往。有的同学沉溺其中而荒废了学业，更有甚者贸然去会见网友，不仅浪费了时间与金钱，有时还会使自己的身心遭受巨大创伤。

(4) 异性交往。男女之间交往要分清爱情与友谊的界限，掌握好两者之间的尺度，不影响对方与他人的交往，以免使自己或对方受到伤害。

爱惜才华吧，保护那些才华修美的人物吧，文明的民族啊，培养他们吧。

——卢梭：《科学与艺术》

天才是各个时代都有的；可是，除非待有非常的事变发生，激动群众，使有天才的人出现，否则赋有天才的人会僵化。

——狄德罗

3. 大学生旅游安全

大学生旅游安全是指大学生在旅行活动中遵守旅行活动的各项安全规定，增强安全意识，不因麻痹大意而发生安全事故。

大学生旅游活动中常见的安全事故可分为两类，即人身安全事故和财产安全事故。人身安全事故包括：生病、伤亡事故、交通事故、治安事故、火灾事故等。而常见的、最易发生人身伤亡事故的情况有：攀登失足、山路拥挤、林中迷路、溺水伤亡等。

旅游中发生安全事故可采取自救、求救的处理办法。

4. 大学生体育运动安全

大学生体育运动安全是指大学生在参加体育运动时遵循体育运动规律，增强安全意识，不因疏忽大意而发生安全事故。

大学生体育运动安全事故的主要表现形式有两个方面：

(1) 上体育课时。一是体育老师上课时安全问题强调不够；二是学生没有听从老师的指挥，自行其是，发生事故。

(2) 参加体育比赛时。在对抗性比赛（如篮球、足球等）中的冲撞或不了解体育器材结构、性能、用途等，盲目使用或者不当使用器械，均可能导致安全事故的发生。

因此，大学生要提高预防意识，遵守安全事项，发生安全事故后，应及时有效处理，并尽快送医院治疗。

5. 大学生文娱活动安全

大学生文娱活动有参加人员的广泛性、活动的频繁性、形式的多样性等特点。文娱活动安全事故的主要表现形式大体有两个方面：一是火灾，因用电量大，容易使电线发热引起短路，或因接触不良产生火花而引燃其他易燃物；还可能因观众乱扔烟头等火种引起火灾。二是因秩序混乱、拥挤而发生意外事故。

文娱活动中发生安全事故的应对措施：

(1) 一旦发生事故不要惊慌失措，要听从现场指挥人员的指挥，迅速有效地疏散，避免“一窝蜂”似的拥挤。

(2) 如果在文娱活动中发生群体性起哄、斗殴，要协助老师平息事

与理想的普遍性和深度，最后是这思想与理想对当代历史的影响，天才永远以其创造开拓新的、前所未闻或无人预料的现实世界。

——别林斯基

端，不得火上浇油，推波助澜，激化矛盾。

(3) 若有人员伤亡，要发扬团结友爱的精神，立即把伤者送往医院救治；若发生火灾，先尽快疏散，再拨打“119”火警电话，在可能的情况下要参与火灾的扑救工作。

四、大学生的消防安全

火灾是指在时间或空间上失去控制的燃烧所造成的灾害。

2008年11月14日早晨6时10分左右，上海商学院徐汇校区一学生宿舍楼发生火灾，火势迅速蔓延导致烟火过大，4名女生在消防队员赶到之前从6楼宿舍阳台跳楼逃生，不幸全部遇难。火灾事故初步判断原因是：寝室里使用“热得快”引发电器故障并将周围可燃物引燃所致。

2008年5月5日中央民族大学28号楼6层S0601女生宿舍发生火灾，着火后楼内到处弥漫着浓烟，6层的能见度更是不足10米。着火的宿舍楼可容纳学生3000余人。火灾发生时大部分学生都在楼内，所幸消防员及时赶到，千名学生被紧急疏散，事故才没有造成人员伤亡。宿舍最初起火部位为物品摆放架上的接线板部位，当时该接线板插着两台可充电台灯，以及引出的另一接线板。该接线板部位因用电器插头连接不规范，且长时间充电造成电器线路发生短路，火花引燃该接线板附近的布帘等可燃物蔓延向上造成火灾。

同学们一定要严格遵守公寓管理规定，时刻警惕火灾。如有事故发生，除了控制好局势外，尽快报告有关部门以减少损失。

消防安全不是一切，但失去了安全就没有了一切，大学生必须充分认识火灾及其危害性，提高安全防范意识，切实加强消防知识的学习，提高自防自救能力。只有这样，才能有效地预防和减少火灾危害，营造一个安全的学习和生活环境。

1. 校园常见的火灾类型

校园火灾从发生的原因上可分为生活火灾、电器火灾、自然火灾、人为火灾等类型。这里重点介绍与我们密切相关的两种类型。

(1) 生活火灾。生活用火一般是指人们的炊事用火、取暖用火、照明用火、吸烟、燃放烟花爆竹等。由生活用火造成的火灾称为生活火

冬天已经到来，春天还会远吗？——雪莱

不飞则已，一飞冲天；不鸣则已，一鸣惊人。——司马迁

应当在朋友正是困难的时候给与帮助，不可在事情已经无望之后再

灾。大学生因生活用火造成火灾的现象屡见不鲜，主要有：在宿舍内违章使用燃气、燃油器具；火源位置接近可燃物；乱拉电源线路；违反规定存放易燃易爆物品；使用大功率照明设备，用纸张、可燃布料做灯罩；乱扔烟头、躺在床上吸烟；在室内燃放烟花爆竹；玩火等。

（2） 电气火灾。现在大学生拥有大量的电气设备，大到电视机、电脑，小到台灯、充电器，还有违章购置的电热炉等电热器具。由于学生宿舍所设电源插座较少，少数学生违章乱拉电源线路，不合规范程序地安装操作致使电源短路、断路，接点接触电阻过大、负荷增大等引起电气火灾的隐患因素增多。

2. 校园发生火灾事故的主要原因

校园发生火灾，客观上存在着学生人数多，居住密度高，教学及实验存在一定的火灾危险性，电气线路老化等原因。“人为”的原因主要表现在：

（1） 消防安全意识淡薄。少数大学生认为火灾离自己很远，心存侥幸，日常行为中表现得满不在乎；在面对学校举行的消防安全知识教育和培训时，认为是多此一举，没有必要；还有的认为消防工作是领导和学校有关部门的事情，与自己关系不大；许多大学生对基本的电气知识不了解，往往由于无知而造成火灾；部分同学由于平时不注意对消防基本知识的学习，在发现火险火情后，不知如何处理，失去了最好的灭火时机，以致火势发展蔓延成灾。

（2） 违反学校管理制度：

① 私自乱接电源。随着学生宿舍电器用具的普及，有的同学私拉乱接电线，增加了线路负荷，加上使用的大多是低负荷的软电线，长期超负荷运行后出现绝缘老化，极易导致火灾发生。

② 违章使用电器。为图方便省事，不少同学经常违规使用“电炉”“热得快”“电热杯”等大功率电器，导致电线超载引起火灾。

③ 不少同学对烟头表面温度200～300℃、中心温度700～800℃的“威力”认识不足，乱扔烟头，一旦与可燃物接触就容易引起燃烧，甚至酿成火灾。

希望是厄运忠实的姐妹。——普希金

当你的希望一个个落空，你也要坚定，要沉着！——朗费罗

先相信你自己，然后别人才会相信你。——屠格涅夫

④ 擅自使用炉具。有的同学图方便常在宿舍煮面条，使用热得快烧开水，还有的将火锅端到寝室，凡此种种，无一不给校园安全造成隐患，对同学们生命和财产构成威胁。

⑤ 违规使用蜡烛。蜡烛被称作可以移动的火源，稍不小心，就可能烧熔、流淌，或者倒下，遇可燃物容易引起火灾，但少数同学却置若罔闻，最终酿成悲剧。

⑥ 随意燃点蚊香。蚊香具有很强的阴燃能力，点燃后没有火焰，容易忽视，但却能长时间持续燃烧，中心温度高达700℃，超过了多数可燃物的燃点，一旦接触到可燃物就会引起燃烧，甚至扩大成火灾。

3. 火灾扑救的主要方法

（1）发现火灾怎么办？任何人发现火灾都有义务迅速向消防队报警。任何单位和个人必须给报警人提供方便，不得收取费用。当发现起火，现场只有一个人的时候，要一边大声呼救，一边进行处理。如果是电气火灾，首先要切断电源；如果是燃气火灾，首先要切断气源。如果认为有能力、有把握扑灭初起火势，就应果断采取措施，迅速扑灭火情；如果觉得自己无力扑灭火灾，就应迅速报警，并呼喊他人救火，将火势控制在最小范围内，等候消防人员前来扑救。

（2）怎样拨打火警电话“119”？拨打火警电话“119”，说清单位、道路名称、门牌号码、燃烧物质、火势大小、报警人姓名以及报警电话号码等。打火警电话时，要保持冷静，不要紧张，吐字要清晰，最好讲普通话。打完火警电话，要指定专人在消防车通过的主要路口等候，以便给消防人员指引失火地点。

（3）当电器用具起火后，首先应断开电源，确定电路无电时，才可用水扑救。

（4）夜间发现室内起火时，除自救外，要喊醒同学，绝不能只顾抢救自己的财物，而不顾他人，致使火灾蔓延，造成伤亡。当有多人在场时，应指定一人报火警；当火已燃大不能自救时，应迅速关闭门窗，阻止烟火流窜，并立即撤离燃烧区域。

（5）消防队灭火收钱吗？消防队灭火不收钱。消防部队实行义务兵

天才是不足恃的，聪明是不可靠的，要想顺手拣来的伟大科学发明是不可想象的。——华罗庚

如果你希望成功，当以恒心为友，以经验为参谋，以当心为兄弟，以希

役制，全心全意为人民服务是消防部队的唯一宗旨。一旦发生火灾，要及时报警，报警早，损失小。

(6) 灭火后该怎么办？保护好火灾现场，不要在火灾现场内来回走动、翻动或寻找东西。应及时向公安派出所、公安消防监督部门报告，请火灾调查部门调查火灾起因。如果参加了保险，应及时向保险公司报告。经公安部门同意后，方可清理火灾现场。

(7) 火灾中被困人员如何自救？平时要对自己居室结构的逃生途径做到心中有数。火灾初起时温度不高，但烟雾较大，在无力扑救的情况下，应赶快离开起火房间，关闭门窗，阻止火势和烟雾向相邻的房间蔓延。千万不要浪费时间去取贵重物品，应坚决果断、毫不迟疑地离开起火房间。撤离到安全区域后，如发现还有人没有撤出来，不能贸然返回，应等消防人员营救。

当火势发展到猛烈阶段时，有计划地撤离难以付诸实施，只能随机应变冷静地进行自救。根据消防部门的资料表明，在火灾中丧生的人，受烟雾中毒、窒息而死的比例高于烧死的比例。有的是烟雾中毒、窒息失去知觉后才被烧死。因此，被困时防烟雾中毒、防窒息是自救的第一步。

(1) 防烟方法。用湿毛巾捂住鼻口呼吸。一时找不到湿毛巾的，可用衣服或其他棉制品浸湿代替。没水时，尿液也可应急。

(2) 防热方法。淋湿身上的衣服，用棉被浸湿裹在身上；在没水时，就地打滚将身上的火滚灭为止。

(3) 逃生方法。突围逃生的方法主要根据建筑结构和火灾情况而定。

第一，利用绳索或撕开床单结成绳索，从阳台、窗口滑降逃生。

第二，利用水漏管滑降逃生。

第三，用湿棉被裹住身体冲出火海，向楼下逃生。尽量不要往上层逃生。

第四，在无法突围的情况下，不要向床下或壁柜里躲藏。设法向浴室、卫生间之类既无可燃物又有水源的空间躲避。进入后立即关闭门窗，打开水龙头，撕下身上的衣服浸湿塞住门窗的缝隙阻止烟雾侵入。

第五，被火势逼到阳台、楼顶时，既无出路又无退路，但生命暂时

天才所要求的最先和最后的东西都是对真理的热爱
——歌德

我们全都要从前辈和同辈学习到一些东西。就连最大的天才，如果单凭他所特有的内在自我去对付一切，他也决不会有多大成就。
——《歌德谈话录》

不受严重威胁时，要平静自己，坚守此地，等候消防人员救援，不要轻举妄动。人多时要相互安慰，稳定情绪。

第六，非跳即死的情况下跳楼时，要抱一些棉被、沙发垫等松软的物品。选择往楼下的石棉瓦车棚、花圃草地或枝叶茂盛的树上跳，以减缓冲击力。徒手跳时要双手抱紧头部，身体弯曲，缩成一团。

第七，滚到墙边可以防止房屋塌落砸伤自己。

第四节 勤工助学

勤工助学，顾名思义，是指通过在学校期间参加一定的“工作”，以资助自己顺利地完成学业。早在五四运动时期，就有了“勤工助学”。周恩来、邓小平就是在法国勤工助学的。勤工助学，不仅能给我们带来经济收入，改善自己的学习和生活条件，更重要的是能使我们从“艰难”中学会尊重他人，尊重他人的劳动成果，培养坚定的毅力、百折不挠的精神，增强心理承受能力、组织管理能力和社会交际能力，为以后更好地发展起到奠基作用。

越来越多的大学生认识到，随着我国加入世贸组织和改革开放的不断向前推进，市场竞争日趋激烈，高学历、高文凭不再是毕业后找份好工作的唯一通行证，唯有提高能力、提高素质才是制胜的法宝。

1. 勤工助学对大学生的帮助

(1) 勤工助学使大学生走出校园，接触社会。勤工助学是联系学校和社会的纽带之一，是大学生理论联系实际的极好手段。

(2) 勤工助学使大学生锻炼了自己的交往能力。

(3) 勤工助学使大学生向经济半自立型发展。

有一项调查表明，参加勤工助学的学生都比较成熟，大多能够体谅家庭负担，想利用勤工助学等途径走上自力更生的道路，同时能以积极的态度去了解社会、锻炼能力，为以后建功立业做准备。

2. 勤工助学对大学生的影响

这种影响可大体概括为：

一朵鲜花打扮不出美丽的春天，一个人先进总是单枪匹马，众人先进才能移山填海。——雷锋

我们爱我们的民族，这是我们自信心的源泉。——周恩来

(1) 绝大多数学生在自己劳动后才认识到赚钱的艰辛，开始体谅父母，同时也开始珍惜来之不易的辛苦钱，学会合理花钱。

(2) 为大学生真正独立积累了自信心和经验，强化了自立意识，增强了自立能力。

(3) 在与社会的接触中，他们开始了解社会、认识社会，开始了解公司等用人单位的管理，为以后走入社会奠定了基础，其人际交往和社会活动能力也在实践中得到了锻炼。

(4) 他们在勤工助学的过程中试着发现自己的价值，以便今后在社会中寻找到自己适合的位置。

(5) 勤工助学还培养了他们的时间观念和劳动纪律观念，改变了一些大学生以往散漫拖拉的毛病，使他们的大学生活过得紧张、充实。

3. 勤工助学中常见问题分析

诚然，勤工助学对大学生是锻炼的机会。但由于大学生的社会阅历低，心理承受能力有限，容易造成盲从、竞争不当、发展失衡等现象，若缺乏适当的引导，易于走向极端。

(1) 青年学生的自控能力还不强，往往会追潮流，盲目地从事兼职活动。有接近8%的学生参与股票及债券投资。作为消费者的学生参与经济风险性很大的投资，资金短缺、经验匮乏，不适于进行此类活动。

(2) 对兼职活动的热衷，往往也反映了学生功利意识过强。兼职工作毕竟是短期的行为，学生本身缺乏长远的计划，如社会调查、产品促销等活动，都只是数天的工作。学生为了兼职而不得不经常轮换工作。对于更能锻炼自己社会综合能力的社会工作，如承担学生会、团委会、学生社团、班级的工作，往往不屑一顾，而独自寻求直接见效的赚钱渠道，追求短期功利。一些学生将大部分精力，甚至是全部的精力都投入到兼职工作中，兼有多份工作，为了繁重的业务而不得不连续逃课，精力也无法集中在学业中，造成了“兼职过多，学业受累”的现象，显然也是得不偿失的。

(3) 由于学生心理承受能力还不强，而社会的激烈竞争必然会带来成功与失败，如果自我调适不当，或沉迷于成功之中而沾沾自喜，或由

天才是由于对事业的热爱而发展起来的，简直可以说天才，就其本质来论——只不过是对事业、对工作过程的热爱而已。——高尔基

无论你怎样地表示愤怒，都不要做出任何无法挽回的事来。——培根

于失败而一蹶不振，都将会造成心理失衡。大学生一跨入社会大“市场”，很容易屈服于社会上的小市民意识。缺乏一定引导和导向的兼职活动，学生之间的相互竞争容易引发冲突，甚至形成不正当竞争，使学生过早地被社会消极因素所侵蚀，不利于高校正常的教育、管理工作的开展，也不利于思政工作的开展。

当前社会上还有些中介公司或个人，利用大学生急于寻找兼职工作的心态，往往以押金或服务费的名义向学生收取一定的费用，钱到手后马上销声匿迹；另外，一些雇佣者利用大学生对劳动保护法规的不熟悉，把他们视为廉价劳动力，任意克扣、拖欠工资报酬；还有的学生不懂得学校统一组织的重要性，私自从事一些活动，也容易出现问题，校方又很难进行有效干预，不少纠纷很难得到合理合法的解决，学生只得自认倒霉吃亏。

为了更好地进行大学生勤工助学，请同学们注意以下两点建议：

第一，勤工助学对大学生完成学业、进行自我教育、促进大学生健康成长都具有十分重要的意义，我们应进一步转变思想观念，端正对勤工助学的认识，提高参与勤工助学的主动性、自觉性。

第二，在勤工助学上岗之前需要学习一些基本的求职技能、技巧，增强防备受骗上当意识和自我保护意识，提高勤工助学的相关能力。

每人心中都应有两盏灯：一盏是希望的灯，一盏是勇气的灯。有了这两盏灯，我们就不怕海上的黑暗和风涛的险恶了。——罗兰

在科学上没有平坦的大道，只有不畏劳苦沿着陡峭山路攀登的人，才有希望达到光辉的顶点。——马克思

附录 李开复写给中国学生的信

李开复，创新工场董事长兼CEO。1988年获卡内基梅隆大学计算机博士学位，并在校任教两年。曾加盟过苹果公司、SGI公司等，曾任微软全球副总裁、谷歌全球副总裁等职。2009年9月在北京创立创新工场，为创业者提供投资和服务。他先后写了7封给中国学生的信、出版了《做最好的自己》、《世界因你不同》等畅销书，并且每年在高校做多场演讲。

在给中国学生的信中，他鼓励中国的大学生努力地完善自我，适应新时代的要求，并对中国学生的成长道路做了深刻的探讨，这对引导大学生如何完善自我及健全人格、如何对待机遇、如何对待学业、如何对待工作、如何对待他人、如何对待自己等诸多方面会有一些有益的启示。这里选载《大学四年应该这么度过》和《你真的输不起，别“孩子”了》。

在任何一个成功的后面都有着十五年到二十年的生活经验，都有着丰富的生活经验，要是没有这些经验，任何才思敏捷恐怕也不会有，而且在这里，恐怕任何天才也都无济于事。

——巴甫连柯：《作家的学校就是生活》

附录一 大学四年应该这么度过

今天，我回复了“开复学生网”开通以来的第1000个问题。关掉电脑后，始终有一封学生来信萦绕在我的脑海里，挥之不去：

开复老师：

就要毕业了。

回头看自己所谓的大学生活，

我想哭，不是因为离别，而是因为什么都没学到。

我不知，简历该怎么写，若是以往我会让它空白。

对搞科学的人说来，勤奋就是成功之母！——茅以升：《全速前进》

我的箴言始终是：无日不动笔；如果我有时让艺术之神瞌睡，也只为要使它醒后更兴奋。——贝多芬：《致韦该勒书》

最大的收获也许是……对什么都没有的忍耐和适应……

这封来信道出了不少大三、大四学生的心声。大学期间，有许多学生放任自己、虚度光阴，还有许多学生始终也找不到正确的学习方向。当他们被第一次补考通知唤醒时，当他们收到第一封来自应聘企业的婉拒信时，这些学生才惊讶地发现，自己的前途是那么渺茫，一切努力似乎都为时已晚……

这“第四封信”是写给那些希望早些从懵懂中清醒过来的大学生，那些从未贪睡并希望把握自己的前途和命运的大学生以及那些即将迈进大学门槛的未来大学生们的。在这封信中，我想对所有同学说：

大学是人一生中最为关键的阶段。从入学的第一天起，你就应当对大学四年有一个正确的认识和规划。为了在学习中享受到最大的快乐，为了在毕业时找到自己最喜爱的工作，每一个刚进入大学校园的人都应当掌握七项学习：学习自修之道、基础知识、实践贯通、兴趣培养、积极主动、掌控时间、为人处世。只要做好了这七点，大学生临到毕业时的最大收获就绝不会是“对什么都没有的忍耐和适应”，而应当是“对什么都可以有的自信和渴望”。只要做好了这七点，你就能成为一个有潜力、有思想、有价值、有前途的快乐的毕业生。

大学：人生的关键

大学是人生的关键阶段。这是因为，进入大学是你终于放下高考的重担，第一次开始追逐自己的理想、兴趣。这是你离开家庭生活，第一次独立参与团体和社会生活。这是你不再单纯地学习或背诵书本上的理论知识，第一次有机会在学习理论的同时亲身实践。这是你第一次不再由父母安排生活和学习中的一切，而是有足够的自由处置生活和学习中遇到的各类问题，支配所有属于自己的时间。

大学是人生的关键阶段。这是因为，这是你一生中最后一次有机会系统性地接受教育。这是你最后一次能够全新建立你的知识基础。这可能是你最后一次可以将大段时间用于学习的人生阶段，也可能是最后一次可以拥有较高的可塑性、集中精力充实自我的成长历程。这也许是你最后一次能在相对宽容的，可以置身其中学习为人处世之道的理想环境。

大学是人生的关键阶段。在这个阶段里，所有大学生都应当认真把握每一个"第一次"，让它们成为未来人生道路的基石；在这个阶段里，所有大学生也要珍惜每一个"最后一次"，不要让自己在不远的将来追悔莫及。在大学四年里，大家应该努力为自己编织生活梦想，明确奋斗方向，奠定事业基础。

大学四年每个人都只有一次，大学四年应这样度过……

自修之道：从举一反三到无师自通

记得我在哥伦比亚大学任助教时，曾有位中国学生的家长向我抱怨说："你们大学里到底在教些什么？我的孩子读完了大二计算机系，居然连VisiCalc都不会用。"

我当时回答道："电脑的发展日新月异。我们不能保证大学里所教的任何一项技术在五年以后仍然管用，我们也不能保证学生可以学会每一种技术和工具。我们能保证的是，你的孩子将学会思考，并掌握学习的方法，这样，无论五年以后出现什么样的新技术或新工具，你的孩子都能游刃有余。"

她接着问："学最新的软件不是教育，那教育的本质究竟是什么呢？"

我回答说："如果我们将学过的东西忘得一干二净时，最后剩下来的东西就是教育的本质了。"

我当时说的这句话来自教育家B.F.Skinner的名言。所谓"剩下来的东西"，其实就是自学的能力，也就是举一反三或无师自通的能力。大学不是"职业培训班"，而是一个让学生适应社会，适应不同工作岗位的平台。在大学期间，学习专业知识固然重要，但更重要的还是要学习独立思考的方法，培养举一反三的能力，只有这样，大学毕业生才能适应瞬息万变的未来世界。我认识的不少在中国读完大学来美国念研究生的朋友。他们认为来美国后，不论是学习，工作还是生活他们最缺乏的是独立思考的能力，因为在国内时他们很少独立思考和独立决策。

上中学时，老师会一次又一次重复每一堂课里的关键内容。但进了大学以后，老师只会充当引路人的角色，学生必须自主地学习、探索和实践。走上工作岗位后，自学能力就显得更为重要了。微软公司曾做过一个统

『神童』和『天才』，如果没有适当的环境和不断的努力，就不能成才，甚至堕落为庸人。——维纳

天才是百分之一的灵感，加上百分之九十九的血汗。——爱迪生

计：在每一名微软员工所掌握的知识内容里，只有大约10%是员工在过去的学习和工作中积累得到的，其他知识都是在加入微软后重新学习的。这一数据充分表明，一个缺乏自学能力的人是难以在微软这样的现代企业中立足的。

自学能力必须在大学期间开始培养。许多同学总是抱怨老师教得不好，懂得不多，学校的课程安排也不合理。我通常会劝这些学生说："与其诅咒黑暗，不如点亮蜡烛"。大学生不应该只会跟在老师的身后亦步亦趋，而应当主动走在老师的前面。例如，大学老师在一个课时里通常要涵盖课本中几十页的信息内容，仅仅通过课堂听讲是无法把所有知识学通、学透的。最好的学习方法是在老师讲课之前就把课本中的相关问题琢磨清楚，然后在课堂上对照老师的讲解弥补自己在理解和认识上的不足之处。

任何倏忽的灵感事实上不能代替长期的功夫。

——《罗丹艺术论》

作为一个科学家来说，我的成功……最主要的是：爱科学——在长期思索任何问题上的无限耐心——在观察和搜集事实上的勤勉——相当的发明能力和常识。

——达尔文

中学生在学习知识时更多的是追求"记住"知识，而大学生就应当要求自己"理解"知识并善于提出问题。对每一个知识点，都应当多问几个"为什么"。一旦真正理解了理论或方法的来龙去脉，大家就能举一反三地学习其他知识，解决其他问题，甚至达到无师自通的境界。

事实上，很多问题都有不同的思路或观察角度。在学习知识或解决问题时，不要总是死守一种思维模式，不要让自己成为课本或经验的奴隶。只有在学习中敢于创新，善于从全新的角度出发思考问题，学生潜在的思考能力、创造能力和学习能力才能被真正激发出来。

《礼记·学记》上讲，"独学而无友，则孤陋而寡闻"。也就是说，大学生应当充分利用学校里的人才资源，从各种渠道吸收知识和方法。如果遇到好的老师，你可以主动向他们请教，或者请他们推荐一些课外的参考读物。除了资深的教授以外，大学中的青年教师、博士生、硕士生乃至自己的同班同学都是最好的知识来源和学习伙伴。每个人对问题的理解和认识都不尽相同，只有互帮互学，大家才能共同进步。

有些同学曾告诉我说，他们很羡慕我在读书时能有一位获得过图灵奖的大师传道授业。其实，虽然我非常推崇我的老师，但他在大学期间并没有教给我多少专业知识。他只是给我指明了大方向，让我分享他的经验，给我提供研究的资源，并教我做人的方法。他没有时间也没有必要指导我学习具体的专业知识。我在大学期间积累的专业知识都是通过自学获得的。刚入门时,我曾多次红着脸向我的师兄请教最基本的知识内容,开会讨论时我曾问过不少肤浅的问题,课余时间我还主动与同学探讨、切磋。“三人行必有我师”,大学生的周围到处是良师益友。只要珍惜这些难得的机会,大胆发问,经常切磋,我们就能学到最有用的知识和方法。

大学生应该充分利用图书馆和互联网,培养独立学习和研究的本领,为适应今后的工作或进一步的深造做准备。首先,除了学习老师规定的课程以外,大学生一定要学会查找书籍和文献,以便接触更广泛的知识和研究成果。例如,当我们在一门课上发现了自己感兴趣的课题,就应当积极去图书馆查阅相关文献,了解这个课题的来龙去脉和目前的研究动态。熟练和充分地使用图书馆资源，这是大学生特别是那些有志于科学研究的大学生的必备技能之一。读书时,应尽量多读一些英文原版教材。有些原版教材写得深入浅出,附有大量实例,比中文教材还适于自学。其次,在书本之外,互联网也是一个巨大的资源库,大学生们可以借助搜索引擎在网上查找各类信息。“开复学生网”开通半年以来,我发现很多同学其实并没有很好地掌握互联网的搜索技巧，有时他们提出的问题只要在搜索引擎中简单检索一下，就能轻易找到答案。还有些同学很容易相信网上的谣言,而不会利用搜索引擎自己查考、求证。除了搜索引擎以外,网上还有许多网站和社区也是很好的学习园地。

自学时,不要因为达到了学校的要求就沾沾自喜,也不要认为自己在大学里功课好就足够了。在二十一世纪的今天,人才已经变成了一个国际化的概念。当你对自己的成绩感到满意时,我建议你开始自学一些国际一流大学的课程。例如,美国麻省理工学院(MIT)的开放式课程已经在网上无偿发布出来，大家不妨去看看MIT的网上课程，做做MIT的网上试题。当你可以自如地掌握MIT课程时,你就可以更加自信地面对国际化的挑战了。

总之,善于举一反三,学会无师自通,这是大学四年中你可以送给自己的最好的礼物。

君子赠人以言,庶人赠人以财。——荀况

时间会刺破青春表面的彩饰，会在美人的额上掘深沟浅槽；会吃掉稀世之珍！天生丽质,什么都逃不过他那横扫的镰刀。——莎士比亚

基础知识：数学、英语、计算机、互联网

我曾经说过，中国学生的一大优势是扎实的基础知识，如数学、物理等。但是，最近几年，同学们在目睹了很多速成的例子（如丁磊、陈天桥等）之后，也迫切希望能驶上成功的快车道。这渐渐形成了一种追求速成的浮躁风气。有许多大学生梦想在毕业后就立即能做“经理”“老板”，还有许多大学生入学时直接选择了“管理”专业，因为他们认为从这样的专业毕业后马上就可以成为企业的管理者。可不少学生进入了管理专业后，才发现自己对本专业的学习毫无兴趣。其实，管理专业和其他专业一样，都是传授基础知识和基本方法的地方，没有哪个专业可以保证学生在毕业时就能走上领导岗位。无论同学们所学的是哪个专业，大学毕业才是个人事业的真正开始。想做企业领导或想做管理工作的同学也必须从基层做起，必须首先在人品方面学会做人，在学业方面打好基础。

如果说大学是一个学习和进步的平台，那么，这个平台的地基就是大学里的基础课程。在大学期间，同学们一定要学好基础知识，其中包括数学、英语、计算机和互联网的使用，以及本专业要求的基础课程（如商学院的财务、经济等课程）。在科技发展日新月异的今天，应用领域里很多看似高深的技术在几年后就会被新的技术或工具取代。只有对基础知识的学习才可以受用终身。另一方面，如果没有打下好的基础，大学生们也很难真正理解高深的应用技术。最后，在中国的许多大学里，教授对基础课程也比对最新技术有更丰富的教学经验。

数学是理工科学生必备的基础。很多学生在高中时认为数学是最难学的，到了大学里，一旦发现本专业对数学的要求不高，就会彻底放松对数学知识的学习，而且他们看不出数学知识有什么现实的应用或就业前景。但大家不要忘记，绝大多数理工科专业的知识体系都建立在数学的基石之上。例如，要想学好计算机工程专业，那至少要把离散数学（包括集合论、图论、数理逻辑等）、线性代数、概率统计和数学分析学好；要想进一步攻读计算机科学专业的硕士或博士学位，可能还需要更高的数学素养。同时，数学也是人类几千年积累的智慧结晶，学习数学知识可以培养和训练人的思维能力。通过对几何的学习，我们可以学会用演绎、推理来求证和

自己不能胜任的事情，切莫轻易答应别人，一旦答应了别人，就必须实践自己的诺言。——华盛顿

君子在下位则多谤，在上位则多誉；小人在下位则多誉，在上位则多谤。——柳宗元

思考的方法;通过学习概率统计,我们可以知道该如何避免钻进思维的死胡同,该如何让自己面前的机会最大化。所以,大家一定要用心把数学学好,不能敷衍了事。学习数学也不能仅仅局限于选修多门数学课程,而是要知道自己为什么学习数学,要从学习数学的过程中掌握认知和思考的方法。

二十一世纪里最重要的沟通工具就是英语。有些同学在大学里只为了考过四级、六级而学习英语,有的同学仅仅把英语当作一种求职必备的技能来学习,甚至还有人认为学习和使用英语等于崇洋媚外。其实,学习英语的根本目的是为了掌握一种重要的学习和沟通工具。在未来的几十年里,世界上最全面的新闻内容,最先进的思想和最高深的技术,以及大多数知识分子间的交流都将用英语进行。因此,除非你甘心做一个与国际脱节的人,英语学习是至关重要的。在软件行业里,不但编程语言是以英语为基础设计出来的,最重要的教材、论文、参考资料、用户手册等资源也大多是用英语写就的。学英语绝不等于崇洋媚外。中国正在走向世界,中国需要学习西方的先进思想和先进科学技术,学好英语才是真正的爱国。

很多中国留学生的英语考试成绩不错,也高分考过四级、六级、托福,但是留学美国后上课时却很难听懂课程内容,和外国同学交流时就更加困难。我们该如何学好英语呢?既然英语是最重要的沟通工具,那么,最重要的学习方法就是尽量与实践结合起来,不能只"学"不"用",更不能只靠背诵的方式学习英语。读书时,大家尽量阅读原版的专业教材(如果英语不够好,可以先从中英对照的教材看起),并适当地阅读一些自己感兴趣的专业论文,这可以同时提高英语和相关专业的知识水平。其次,提高英语听说能力的最好方法是直接与那些以英语为母语的外国人对话。现在有很多在中国学习和工作的外国人,他们中的不少人为了学中文,很愿意与中国学生对话、交流,这是很好的学习机会。此外,大家不要把学英语当作一件苦差事,完全可以用有趣的方法学习英语。例如,可以多看一些名人的对话或演讲,多看一些小说、戏剧甚至漫画。初学者可以找英文原版的教学节目和录像来学习,有一定基础的则应该看英文电视或电影。看一部英文电影时,最好先在有字幕的时候看一遍,同时查考生词、熟悉句式,

君子与君子以同道为朋,小人与小人以同利为朋。——白居易

对人不尊敬,首先就是对自己的不尊敬。——惠特曼

一个人的真正伟大之处就在于他能够认识到自己的渺小。——保罗

然后在不加字幕的情况下再看一遍，仅靠耳朵去听。听英文广播也是很好的练习英文听力的方法，大家每天最好能抽出半小时到一小时的时间收听广播并尽量理解其中的内容，有必要的话还可以录下来反复收听。在互联网上也有许多互动式的英语学习网站，大家可以在网站上用游戏、自我测试、双语阅读等方式提升英语水平。总之，勇于实践、持之以恒是学习英语的必由之路。

信息时代已经到来，大学生在信息科学与信息技术方面的素养也已成为他们进入社会的必备基础之一。虽然不是每个大学生都需要懂得计算机原理和编程知识，但所有大学生都应能熟练地使用计算机、互联网、办公软件和搜索引擎，都应能熟练地在网上浏览信息和查找专业知识。在二十一世纪里，使用计算机和网络就像使用纸和笔一样是人人必备的基本功。不学好计算机，你就无法快捷、全面地获得自己需要的知识或信息。

最后，每个特定的专业也有它自己的基础课程。以计算机专业为例，许多大学生只热衷于学习最新的语言、技术、平台、标准和工具，因为很多公司在招聘时都会要求这些方面的基础或经验。这些新技术虽然应该学习，但计算机基础课程的学习更为重要，因为语言和平台的发展日新月异，但只要学好基础课程（如数据结构、算法、编译原理、计算机原理、数据库原理等）就可以不变应万变。有位同学生动地把这些基础课程比拟为计算机专业的内功，而把新的语言、技术、平台、标准和工具比拟为外功。那些只懂得追求时髦的学生最终只知道些招式的皮毛，而没有内功的积累，他们是不可能成为真正的高手的。

虽然我一向鼓励大家追寻自己的兴趣，但在这里仍需强调，生活中有些事情即便不感兴趣也是必须要做的。例如，打好基础，学好数学、英语和计算机的使用就是这一类必须做的事情。如果你对数学、英语和计算机有兴趣，那你是幸运儿，可以享受学习的乐趣；但就算你没有兴趣，你也必须把这些基础打好。打基础是苦功夫，不愿吃苦是不能修得正果的。

实践贯通："做过的才真正明白"

上高中时，许多学生会向老师提出"为什么？有什么用？"的问题，通常，老师给出的答案都是"不准问"。进入大学后，这些问题的答案应该是

如果我们想交朋友，就要先为别人做些事——那些需要花时间、体力、体贴、奉献才能做到的事。——卡耐基

原谅敌人要比原谅朋友容易。——狄尔治夫人

"不准不问"。在大学里,同学们应该懂得每一个学科的知识、理论、方法与具体的实践、应用如何结合起来,尤其是工科的学生更是如此。

有一句关于实践的谚语是这样说的:"我听到的会忘掉,我看到的能记住,我做过的才真正明白。"

无论学习何种专业、何种课程,如果能在学习中努力实践,做到融会贯通,我们就可以更深入地理解知识体系,可以牢牢地记住学过的知识。因此,我建议同学们多选些与实践相关的专业课。实践时,最好是几个同学合作,这样,既可经过实践理解专业知识,也可以学会如何与人合作,培养团队精神。如果有机会在老师手下做些实际的项目,或者走出校门打工,只要不影响课业,这些做法都是值得鼓励的。外出打工或做项目时,不要只看重薪酬待遇(除非生活上确实有困难),有时候,即便待遇不满意,但有许多培训和实践的机会,我们也值得一试。

以计算机专业为例,实践经验对于软件开发来说更是必不可少的。微软公司希望应聘程序员的大学毕业生最好有十万行的编程经验。理由很简单:实践性的技术要在实践中提高。计算机归根结底是一门实践的学问,不动手是永远也学不会的。因此,最重要的不是在笔试中考高分,而是实践能力。但是,在与中国学生的交流过程中,我很惊讶地发现,中国某些学校计算机系的学生到了大三还不会编程。这些大学里的教学方法和课程的确需要更新。如果你不巧是在这样的学校中就读,那你就应该从打工、自学或上网的过程中寻求学习和实践的机会。在网上可以找到许多实践项目,例如,有一批爱好编程的学生建立了一个讨论软件技术的网站(www.diyinside.com),在其中共享他们的知识和实践经验,并成功举办了很多次活动(如在各大高校举办校园技术教育会议),还出版了帮助学生提高技术、解答疑难方面的图书,该网站有多位成员获得了"微软最有价值的专家"的称号。

人既尽其才,则百事俱举;百事举矣,则富强不足谋也。——孙中山

要使别人喜欢你,首先你得改变对人的态度,把精神放得轻松一点,表情自然,笑容可掬,这样别人就会对你产生喜爱的感觉了。——卡耐基

培养兴趣:开阔视野,立定志向

孔子说:"知之者不如好之者,好之者不如乐之者。"我在"给中国学生的第三封信"中曾深入论述了快乐和兴趣是一个人成功的关键。如果你对某个领域充满激情,你就有可能在该领域中发挥自己所有的潜力,甚至为

它而废寝忘食。这时候，你已经不是为了成功而学习，而是为了“享受”而学习。在“第三封信”中，我也曾谈到我自己是如何在大学期间放弃了我不感兴趣的法律专业而进入我所热爱的计算机专业学习的。

有些同学问我，如何像我一样能找到自己的兴趣呢？我觉得，首先要客观地评估和寻找自己的兴趣所在：不要把社会、家人或朋友认可和看重的事当作自己的爱好；不要以为有趣的事就是自己的兴趣所在，而是要亲身体验它并用自己的头脑做出判断；不要以为有兴趣的事情就可以成为自己的职业，例如，喜欢玩网络游戏并不代表你会喜欢或有能力开发网络游戏；不要以为有兴趣就意味着自己有这方面的天赋，不过，你可以尽量寻找天赋和兴趣的最佳结合点，例如，如果你对数学有天赋但又喜欢计算机专业，那么你完全可以做计算机理论方面的研究工作。

最好的寻找兴趣点的方法是开阔自己的视野，接触众多的领域。唯有接触你才能尝试，唯有尝试你才能找到自己的最爱。而大学正是这样一个可以让你接触并尝试众多领域的独一无二的场所。因此，大学生应当更好地把握在校时间，充分利用学校的资源，通过使用图书馆资源、旁听课程、搜索网络、听讲座、打工、参加社团活动、与朋友交流、使用电子邮件和电子论坛等不同方式接触更多的领域、更多的工作类型和更多的专家学者。当年，如果我只是乖乖地到法律系上课，而不去尝试旁听计算机系的课程，我就不会去计算机中心打工，也不去找计算机系的助教切磋，就更不会发现自己对计算机的浓厚兴趣。

通过开阔视野和接触尝试，如果你发现了自己真正的兴趣爱好，这时就可以去尝试转系的可能性、尝试课外学习、选修或旁听相关课程；你也可以去找一些打工或假期实习的机会，进一步理解相关行业的工作性质；或者，努力去考自己感兴趣专业的研究生，重新进行一次专业选择。其实，本科读什么专业并不能完全决定毕业后的工作方向，正如我所强调的那样，大学期间的学习过程培养的是你的学习能力，只要具备了这种能力，即使从事的是全新的工作，你也能在边做边学的过程中获取足够的知识和经验。

除了“选你所爱”，大家也不妨试试“爱你所选”。有些同学后悔自己在入学时选错了专业，以至于对所学的专业缺乏兴趣，没有学习动力；有些

我是你的，我的祖国！都是你的，我的这心、这灵魂；假如我不爱你，我的祖国，我能爱哪一个人？——裴多菲

自我控制是最强者的本能。——萧伯纳

同学则因为追寻兴趣而"走火入魔",毕业后才发现荒废了本专业的课程;另一些同学因为在学习上遇到了困难或对本专业抱有偏见,就以兴趣为借口,不愿意面对自己的专业。这些做法都是不正确的。在大学中,转系可能并不容易,所以,大家首先应尽力试着把本专业读好,并在学习过程中逐渐培养自己对本专业的兴趣。此外,一个专业里可能有很多不同的领域,也许你对专业里的某一个领域有兴趣。现在,有很多专业发展了交叉学科,两个专业的结合往往是新的增长点。因此,只要多接触、多尝试,你也许就会碰到自己真正感兴趣的方向。"数字笔"的发明人王坚博士在微软亚洲研究院负责用户界面的研究,可是谁又能想到他从本科到博士所学的都是心理学专业,而用户界面又正是计算机和心理学专业的最佳结合点。另一方面,就算你毕业后要从事其他的行业,你依然可以把自己的专业读好,这同样能成为你在新行业中的优势。例如,有一位同学不喜欢读工科,想毕业后进入服务业发展,我就建议他先把工科读好,将来可以在服务业中以精通技术作为自己的特长。

人生的路很长,每个人都可以有很多不同的兴趣爱好。在追寻兴趣之外,更重要的是要找寻自己终身不变的志向。有一本书的作者曾访问了几百个成功者,问他们有哪件事是他们今天已经懂得,但在年轻时却留下了遗憾。在受访者的回答中,最多的一种是:"希望在年轻时就有前辈告诉我、鼓励我去追寻自己的理想和志向。"相比之下,兴趣固然关键,但志向更为重要。例如,我的志向是"使影响力最大化",多年以来,我有许多兴趣爱好,如语音识别、对弈软件、多媒体、从研究到开发的转换、管理学、满足用户的需求、演讲和写作、帮助中国学生等等,兴趣可以改变,但我的志向是始终不渝的。因此,大家不必把某种兴趣当作自己最后的目标,也不必把任何一种兴趣的发展道路完全切断,在志向的指引下,不同的兴趣完全可以平行发展,实在必要时再做出最佳的抉择。志向就像罗盘,兴趣就像风帆,两者相辅相成、缺一不可,它们可以让你驶向理想的港湾。

礼仪不良有两种:第一种是忸怩羞怯;第二种是行为不检点和轻慢;要避免这两种情形,就只有好好地遵守下面这条规则,就是,不要看不起自己,也不要看不起别人。

——约翰·洛克

积极主动:果断负责,创造机遇

创立"开复学生网"时,我的初衷是"帮助学生帮助自己"。但让我很惊讶的是,更多的学生希望我直接帮他们做出决定,甚至仅在简短的几句自我介绍后就直接对我说:“只有你能告诉我,我该怎么做。”难道一个陌生人会比你更知道自己该怎么做吗?我慢慢认识到,这种被动的思维方式是从小在中国的教育环境中培养出来的。被动的人总是习惯性地认为他们现在的境况是他人和环境造成的,如果别人不指点,环境不改变,自己就只有消极地生活下去。持有这种态度的人,事业还没有开始,自己就已经被击败,我从来没见过这样消极的人可以取得持续的成功。

从大学的第一天开始,你就必须从被动转向主动,你必须成为自己未来的主人,你必须积极地管理自己的学业和将来的事业,理由很简单:因为没有人比你更在乎你自己的工作与生活。“让大学生活对自己有价值”是你的责任。许多同学到了大四才开始做人生和职业规划,而一个主动的学生应该从进入大学时就开始规划自己的未来。

积极主动的第一步是要有积极的态度。大家可以用我在“第三封信”里推荐的方法,积极规划自己的人生目标,追寻兴趣并尝试新的知识和领域。纳粹德国某集中营的一位幸存者维克托·弗兰克尔曾说过:“在任何特定的环境中,人们还有一种最后的自由,就是选择自己的态度。”

积极主动的第二步是对自己的一切负责,勇敢面对人生。不要把不确定的或困难的事情一味搁置起来。比如说,有些同学认为英语重要,但学校不考试就不学英语;或者,有些同学觉得自己需要参加社团开拓人际关系,但是因为害羞就不积极报名。但是,我们必须认识到,不去解决也是一种解决,不做决定也是一个决定,这样的解决和决定将使你面前的机会丧失殆尽。对于这种消极、胆怯的作风,你终有一天会付出代价的。

积极主动的第三步是要做好充分的准备:事事用心,事事尽力,不要等机遇上门;要把握住机遇,创造机遇。中国科学技术大学前校长朱清时院士在大三时被分配到青海做铸造工人。但他不像其他同学那样放弃学习,整天打扑克、喝酒。他依然终日钻研数理化和英语。六年后,中国科学院要在青海做一个重要的项目,这时朱校长脱颖而出,开始了他辉煌的事业。很多人可能说他运气好,被分配到缺乏人才的青海,才有这机会。但是,如果他没有努力学习,也无法抓住这个机遇。所以,做好充分的准备,当机遇来临时,你才能抓住它。

我们应该不虚度一生,应该能够说:『我已经做了我能做的事。』
——居里夫人

心信其可行,则移山填海之难,终有成功之日。心信不可行,则反掌

人生是没有毕业的学校。——黎凯

为真理而斗争是人生最大的乐趣。——布鲁诺

好脾气是一个人在社交中所能穿着的最佳服饰。——都德

积极主动的第四步是“以终为始”，积极地规划大学四年。任何规划都将成为你某个阶段的终点，也将成为你下一个阶段的起点，而你的志向和兴趣将为你提供方向和动力。如果不知道自己的志向和兴趣，你应该马上做一个发掘志向和兴趣的计划；如果不知道毕业后要做什么，你应该马上制订一个尝试新领域的计划；如果不知道自己最欠缺什么，你应该马上写一份简历，找你的老师、朋友打分，或自己审阅，看看哪里需要改进；如果毕业后想出国读博士，你应该想想如何让自己在申请出国前有具体的研究经验和学术论文；如果毕业后想进入某个公司工作，你应该收集该公司的招聘广告，以便和你自己的履历对比，看自己还欠缺哪些经验。只要认真制定、管理、评估和调整自己的人生规划，你就会离你自己的目标越来越近。

掌控时间：事分轻重缓急，人应自控自觉

除了积极主动的态度，大学生还要学会安排自己的时间，管理自己的事务。一位同学是这么描述大学生活的：

大学和高中相比似乎没有什么太大的区别，每天依旧是学习，每次考试后依旧是担心考试成绩……不同的只是大学里上网的时间和睡觉的时间多了很多，压力也小了很多。

这位同学并不明白，“时间多了很多”正是大学与高中之间巨大的差别。时间多了，就需要自己安排时间、计划时间、管理时间。

安排时间除了做一个时间表外，更重要的是“事分轻重缓急”。在《高效能人士的七个习惯》一书中，作者史蒂芬·柯维提出，“重要事”和“紧急事”的差别是人们浪费时间的最大理由之一。因为人的惯性是先做最紧急的事，但这么做会导致一些重要的事被荒废掉。例如，我认为这篇文章里谈到的各种学习都是“重要的”，但它们不见得都是老师布置的必修课业，采纳我的建议的同学们依然会因为考试、交作业等紧急的事情而荒废了打好基础、学习做人等重要的事情。因此，每天管理时间的一种好方法是，早上确定今天要做的紧急事和重要事，睡前回顾一下，这一天有没有做到两者的平衡。

每个人都有许多“紧急事”和“重要事”，想把每件事都做到最好是不

切实际的。我建议大家把“必须做的事”和“尽量做的事”分开。必须做的事要做到最好，但尽量做的事尽力而为即可。建议大家用良好的态度和宽广的胸怀接受那些你暂时不能改变的事情，多关注那些你能够改变的事情。此外，还要注意生物钟的运行规律，按时作息，劳逸结合，这样才能在学习时有最好的状态。

大学四年是最容易迷失方向的时期。大学生必须有自控的能力，让自己交些好朋友，学些好习惯，不要沉迷于对自己无益的习惯（如网络游戏）里。一位积极、主动的中国学生在“开复学生网”上劝告其他同学：“不要玩游戏，至少不要玩网络游戏。我所认识的专业水平比较高的大学朋友中没有一个玩网络游戏的。沉迷于网络游戏是对于现实的逃避，是不愿面对自己不足的一面。我认为，要脱离网络游戏，就得珍惜自己宝贵的大学时间，找到自己感兴趣的方向，做一些有意义并能给自己带来满足感的事情。”

我们为祖国服务，也不能都采用同一方式，每个人应该按照资禀，各尽所能。——歌德

只有忠实于事实，才能忠实于真理。——周恩来

[illegible]求穷人比求富人容易。——契诃夫

为人处世：培养友情，参与群体

很多大学生入校时都是第一次离开父母，离开自己生长的环境。进入校园开始集体生活后，如何与同学、朋友以及社团的同事相处就成为了大学生学习内容的一部分。大学是大家最后一次可以在相对宽松的环境中学习、培养、训练如何与人相处的机会。在未来，人们在社会里、在工作中与人相处的能力会变得越来越重要，甚至超过了工作本身。所以，大学生要好好把握机会，培养自己的交流意识和团队精神。

“人际交往能力不够强，人际圈子不够广，但又没有什么特长可以引起大家的注意，在社团里也不知道怎么和其他人有效地建立联系。”这是一些大学生在人际交往方面经常遇到的困惑。对于如何在大学期间提高人际交往能力，我的建议是：

第一，以诚待人，以责人之心责己、以恕己之心恕人。对别人要抱着诚挚、宽容的胸襟，对自己要怀着自我批评、有过必改的态度。与人交往时，你怎样对待别人，别人也会怎样对待你。这就好比照镜子一样，你自己的表情和态度，可以从他人对你流露出的表情和态度中一览无遗。你若以诚待人，别人也会以诚待你。你若敌视别人，别人也会敌视你。最真挚的友情

和最难解的仇恨都是由这种“反射”原理逐步造成的。因此,当你想修正别人时,你应该先修正自己。你想别人怎么对你,你就应该怎么对人。你想他人理解你,你就要首先理解他人。

第二,培养真正的友情。如果能做到第一点,很多大学时的朋友就会成为你一辈子的知己。在一起求学和寻求自身发展的道路上,这样的友谊弥足珍贵。交朋友时,不要只去找与你性情相近或只会附和你的人做朋友。好朋友有很多种:乐观的朋友、智慧的朋友、脚踏实地的朋友、幽默风趣的朋友、激励你上进的朋友、提升你能力的朋友、帮你了解自己的朋友、对你说实话的朋友等等。

第三,学习团队精神和沟通能力。社团是微观的社会,参与社团是步入社会前最好的磨炼。在社团中,可以培养团队合作的能力和领导才能,也可以发挥你的专业特长。但更重要的是,你要做一个诚心诚意的服务者和志愿者,或在担任学生工作时主动扮演同学和老师之间沟通桥梁的角色,并以此锻炼自己的沟通能力,为同学和老师服务。这样的学习过程也不会很轻松,挫折是肯定有的,但是不要灰心,大学社团里的人际交往是一种不用“付学费”的学习,犯了错误也可以重头来过。

第四,从周围的人身上学习。在班级里、社团中,多观察周围的同学,特别是那些你觉得交往能力和沟通能力特别强的同学,看他们是如何与人相处的。比如,看他们如何处理交往中的冲突、如何说服他人和影响他人、如何发挥自己的合作和协调能力、如何表达对他人的尊重和真诚、如何表示赞许或反对、如何在不冒犯他人的情况下充分展示个性,等等。通过观察和模仿,你渐渐地会发现,自己的人际交往能力会有意想不到的提高。在学校里,每一个朋友都可以成为你的良师,他们的热心、幽默、机智、博学、正直、沟通、礼貌等品德都可以成为你的学习对象。同时那些你不喜欢的人和事也可以为你敲响警钟,警告你千万不要做那样的人和事。当然,你也应当慷慨地帮助每一个朋友,试着做他们的良师和模范。

第五,提高自身修养和人格魅力。如果觉得没有特长、没有爱好可能会成为自己人际交往能力提高的一个障碍,那么,你可以有意识地去选择和培养一些兴趣爱好。共同的兴趣和爱好也是你与朋友建立深厚感情的

宿命论是那些缺乏意志力的弱者的借口。——罗曼·罗兰

我们唯一不会改正的缺点是软弱。——拉罗什福科

私心胜者,可以灭公。——林逋

途径之一。很多在事业上有所建树的人都不是只会闭门苦读的书呆子，他们大多都有自己的兴趣和爱好。我在微软亚洲研究院的同事中就有绘画、桥牌和体育运动方面的高手。业余爱好不仅是人际交往的一种方式，还可以让大家发掘出自己在读书以外的潜能。例如，体育锻炼既可以发挥你的运动潜能，也可以培养你的团队合作精神。如果真的没有什么兴趣爱好，那么，多读些好书丰富自己的知识也可以改进自己的人际交往能力，因为没有什么比智慧和渊博更能体现一个人的人格魅力了。

所以，学会与人相处，这也是大学中的一门“必修课”。

对大学生们的期望

踏入大学校门时，你还是一个忙碌的、青涩的、被动的、为分数读书的、被家庭保护着的中学毕业生。

就读大学时，你应当掌握七项学习，学好自修之道、基础知识、实践贯通、兴趣培养、积极主动、掌控时间、为人处世。

经过大学四年，你会从思考中确立自我，从学习中寻求真理，从独立中体验自主，从计划中把握时间，从交流中锻炼表达，从交友中品味成熟，从实践中赢得价值，从兴趣中攫取快乐，从追求中获得力量。

离开大学时，只要做到了这些，你最大的收获将是“对什么都可以拥有的自信和渴望”。你就能成为一个有潜力、有思想、有价值、有前途的中国未来的主人翁。

所以，我认为大学四年应该这么度过。

人人好公，则天下太平；人人营私，则天下大乱。——刘鹗

几个苍蝇咬几口，决不能羁留一匹英勇的奔马。——伏尔泰

决定一个人的一生，以及整个命运的，只是一瞬之间。——歌德

附录二　你真的输不起，别“孩子”了

如果你已经过了20岁但还不到25岁的话，你必须找到除了爱情之外，能够使你用双脚坚强站在大地上的东西。你要找到谋生的方式。现在考虑不晚了。

我从来不以为学历有什么重要，天才都不是科班，但，不是科班，连龙套都跑不了。

你必须把那些浮如飘絮的思绪，渐渐转化为清晰的思路和简单的文

字。华丽和漂浮都不易长久。你要知道，给予文字阅读快感不够的，内容、思想、境界、灵魂、精神和智慧，这些才重要。不要多看那些和你一个路数的女作家的文字，不要琐碎、无病呻吟，不要想到什么就写，不要流连于小感伤和小感动。

我要你相信温暖、美好、信任、尊严、坚强这些老掉牙的字眼。

我不要你颓废、空虚、迷茫、糟践自己和伤害别人。我不要你把自己处理得一团糟。节制自己的感情并且珍惜它，明白这种感情不是任何人都能要。

体验生活是另外一回事，并不意味着堕落和放纵。千万不要认同那些伪装的“酷”和“另类”。它们是无事可做的人找出来放任自己的借口，真正的“酷”是在内心，你要有强大的内心。

要有任凭时间流逝，不会磨折和屈服的信念。不是因为在学校的象牙塔中，才说出我爱世界这样的话，是知道外面的“黑”“脏”“丑陋”之后，还要说出这样的话。

好好去爱，去生活。青春如此短暂，不要叹老。偶尔可以停下来休息，但是别蹲下来张望。走了一条路的时候，记得别回头看。时不时问问自己，自己在干嘛？

伤心和委屈的时候，要号啕大哭。哭完洗完脸，拍拍自己的脸，挤出一个微笑给自己看。不要揉，否则第二天早上会眼睛肿。

给自己一个远大的前程和目标。记得常常仰望天空。记住仰望天空的时候也看看脚下。

任何时候，任何人问你，有过多少次恋爱，答案是两次。一次是他爱我，我不爱他；另一次是我爱他，他不爱我。好的爱情永远在下一次。别给同一个人两次伤害你的机会。

不要与“浪子”、文艺青年交往，别和没心没肺的人在一起，别和没有正当职业混日子的人在一起。

别把犯贱当真爱。一个人作践自己来取悦你的时候，千万不要因此感动。一个男人的烟头烫在他身上，下一个就可能烫在你身上。同样的，当这个女人的刀片割断她的手腕，下次就可能割断你的。

千万别相信一个不准备将你介绍给他的朋友圈子的男人。一个女人

人的理性粉碎了迷信，而人的感情也将摧毁利己主义。——海涅

无私是稀有的道德，因为从它身上是无利可图的。——布莱希特

君子喻于义，小人喻于利。——孔子

只肯喊你“宝贝”的时候，坚持要她喊你的名字，因为你是男人。一个男人或者女人不再来找你的时候，就不要再去找他或者她。不要相信在恋爱上用手段的人。分手时不要口出恶言。吸取教训，但不要后悔，后悔没有用。

别去做撕照片、烧信、撕日记这样一类三流爱情电视剧中才有人干的事。相信爱情，相信好男人和好女人还存在，还未婚，还在茫茫人海中寻觅你。别说“男人(或者女人)没一个好东西”，这样使别人误以为你阅人无数。

爱物质，适当地。永远知道精神更重要。比起那些名表、名牌时装，更加美丽的是勤奋而有朝气的你自己。如果你20岁以后所花的每一分钱还都是伸手向父母亲人要来的，那你的满身名牌就只能衬托出你的无耻。别以为穿上名牌你就有品位，要知道如果没有真正的内涵，骡子配上金鞍也不会变成骏马。你还年轻，先不说开始你的事业，开创你的未来，但你已经成年，至少也要让自己不再成为父母的负担，让父母看到20年辛苦养育的希望。

无所事事只会把你变成一个废物，一个被所有其他人鄙夷的废物，因为这样的你是一个不折不扣的寄生虫。别以为弄个怪异的发型，穿上不男不女的衣服，喷上刺鼻的香水，别人就会注重你，要明白那样招来的眼光就是别人在看一只与众不同的猴子。许多有教养的人对另类的你的反感并不写在脸上，但这种反感肯定会给你带来极其不利的后果。

别瞧不起劳动人民。不要为劳动羞耻。土地不脏，汗味不难闻。请尊重那些似乎生活状况不如你，但仍然用自己的双手诚实劳动养家糊口的人，因为这样才是尊重自己。永远体恤那些生活在底层的人们，因为我们的亲人就是在这些人群中。我们不娇贵。我们必须能够自己养活自己，这是你的尊严所在。

不要小看一分钱。不妨自己去挣挣看。做人有时要强悍一点，被欺负的时候，一定要讨回来！但是不要记恨。

小人之见，随他们去好了。有原则的宽容和怜悯，会使你高贵。

有小心机的女生是可爱的，但别把这种心计用在钩心斗角上，那样会很累。

自私自利之心，是立人达人之障。——吕坤

如烟往事俱忘却，心底无私天地宽。——陶铸

常求有利别人，不求有利自己。——谢觉哉

做人不要太高调，高调容易招惹是非。但也不能太低调，该强悍时则强悍，但切不可咄咄逼人。

被朋友伤害了的时候，别怀疑友情，但提防背叛你的人。原谅，但并不遗忘。做人存几分天真童心，对朋友保持一些侠义之情。要快乐，要开朗，要坚韧，要温暖。这和性格无关。但你要忠诚、勤奋，要真诚地尊重别人，这样你的人生才不会黑暗。

宽待自己，也宽待别人。当你不会因为小小的不如意而生气或难过的时候，你会轻松很多。

要原谅这个世界和自己。

要告诉自己，我值得拥有最好的一切。

富贵不淫贫贱乐，男儿到此是豪雄。——程颢

卑己而尊人是不好的，尊己而卑人也是不好的。——徐特立

三军可夺帅也，匹夫不可夺志也。——孔子